Teil A – CRM-Grundlagen

Teil B – Werkzeuge, Tipps und Glossar

Warum schrumpft die Kundenbindung?

Alle fünf Jahre verlieren Unternehmen die Hälfte ihrer Kunden. Selbst altbewährte Mittel wie die Stärkung der Corporate Identity und der Ausbau bestehender Marken helfen wenig, die Kunden bei der Stange zu halten. Es gibt heute viele Gründe, einem Unternehmen den Rücken zu kehren: Neben schlechten Produkten oder besseren Konkurrenzprodukten ist vor allem unbefriedigender Service der wichtigste Abwanderungsfaktor. Zudem ist auch der Kunde anders geworden. Der Kunde dieser Zeit, dessen Gunst wir uns alle wünschen, ist individualistisch und mobil, souverän, hochinformiert, unberechenbar und experimentierfreudig. Er weiss ganz genau, was er will und lässt sich immer weniger in die gefühllosen Raster der Marktforscher pressen.

Diesem Konsumenten stehen Unternehmen gegenüber, deren Produkte sich immer mehr gleichen und die dem Konkurrenzdruck mit massiven Kostensenkungen insbesondere im Personalbereich begegnen, was wiederum den Dienst am Kunden nachhaltig verschlechtert. Aus lauter Not und Fantasielosigkeit verlieren sich Unternehmer in kurzsichtigen Kostenoptimierungs- und Fusionsprogrammen und verwechseln dabei Wettbewerbsorientierung (billiger, besser, schneller als der Konkurrent) mit Kundenorientierung. Mitarbeiter, Kundensegmente und Zielgruppen scheinen in dem börsenfixierten Monopolyspiel aus- und eintauschbar. Das Resultat derartiger Bemühungen sind enttäuschte Kunden und unmotivierte Mitarbeiter, an Stelle der gewünschten Kundenzufriedenheit.

Wir müssen uns lösen von diesem einseitigen, autoritären Kunden- und Mitarbeiterverwalten. Was wir brauchen, ist eine Unternehmenskultur, die den Dienst am Menschen in den Mittelpunkt stellt, unterstützt durch flexible Strukturen, die über Abteilungs- und Funktionsgrenzen hinweg die Zufriedenstellung von Kunden als oberstes Ziel verfolgen. Wir brauchen ein konsequentes Vertrauensmanagement zwischen Menschen, egal ob Mitarbeiter oder Kunde. Intelligente Ideen, gepaart mit emotionaler Identifikation, eine Beziehung zwischen Mensch und Unternehmen. Vorrangiges Ziel ist es, mit dem Kunden im Gespräch zu bleiben und Produkte und Leistungen individuell zu gestalten. Nur so können wir mit dem Kunden leben und nicht von ihm. Nur so werden wir von unseren Kunden widerspruchsfrei wahrgenommen. Nur so kann die Basis für eine langfristige und partnerschaftliche Geschäftsbeziehung aufgebaut werden. Customer Relationship Management weist den Weg.

Diese Publikation soll einen kompakten Überblick über die vielfältigen Themenkreise von CRM und deren Einsatzmöglichkeiten in den verschiedensten Unternehmensbereichen geben. Sie soll eine Gedankenstütze bieten, um die Durchführung von CRM-Projekten zu planen und dem Interessierten einen Einblick in einen innovativen Ansatz zur Pflege von Kundenbeziehungen ermöglichen.

Obwohl es an Konzepten und Ideen nicht mangelt, gibt es keine Patentrezepte für Kundenprozesse. CRM-Lösungen sind letztlich so massgeschneidert und individuell wie die einzelnen Unternehmen, die sie einsetzen. Es gibt kein CRM von der Stange.

Ich wünsche Ihnen eine inspirierende Lektüre.

Tom Buser, Leiter CRM Solutions
PIDAS Aktiengesellschaft
tbuser@pidas.com

Teil A
CRM-Grundlagen

In diesem ersten Teil wird die CRM-Theorie eingehend betrachtet und jeweils mit passenden Praxisbeispielen untermalt. Der Text liest sich folgendermassen:

- Zu Beginn eines Kapitels finden Sie die Kernaussagen des nachfolgenden Textes, stichwortartig formuliert und in einem roten Kasten auf einen Blick zusammengefasst.

- Die Praxisbeispiele unterscheiden sich vom normalen Text, indem sie in roter Schrift geschrieben und eingerückt sind. Sie werden jeweils durch ein Piktogramm angezeigt.

- Kursiv geschriebene Wörter innerhalb des Textes verweisen auf das Glossar im Teil B. Dort werden diese Ausdrücke erklärt und detaillierter beschrieben.

- Im gesamten Text wird jeweils nur die männlich Form verwendet. Diese gilt jedoch auch immer für das weibliche Geschlecht.

1. Wozu eigentlich CRM?

«Wirtschaftliche Zusammenarbeit blüht umso besser, je mehr man darüber weiss, wie der Partner lebt, denkt und spricht.»
Richard von Weizsäcker

Kernaussagen dieses Kapitels

- **Turbulente Märkte** – Rasanter Technologiewandel und Globalisierung
- **Mangelnde Serviceleistung** – Hauptsächlicher Grund für Abwanderung der Kunden
- **Mündige, umfassend informierte Konsumenten** – Bedürfnis des Kunden nach Individualisierung und nach schnellem, gutem und günstigem Angebot
- **Paradigmenwechsel im Marketing** – Ziel des Unternehmens sind zufriedene, langfristig loyale Kunden
- **Effekte der Kundenbindung** – Langfristiges Beziehungsmanagement und Fehlertoleranz
- **Phasen des Kaufprozesses** – Der Buying Cycle als Grundlage der Beziehungsgestaltung

Turbulente Märkte: Bewährungsfeld für CRM

Im Wesentlichen gilt es, sich auf Altbekanntes rückzubesinnen, ein Thema, das so alt ist wie der Handel selbst: persönlicher Kundendienst. Aufgrund gegenwärtiger Fusionierungsbemühungen von Grossunternehmen, der Globalisierung der Absatzmärkte und einem überwältigenden Angebot von ähnlichen Produkten wächst die Sehnsucht des Konsumenten, als Individuum wahrgenommen zu werden. Eine solche Behandlung belohnt der Kunde mit Treue zum Produkt oder zur Marke. Seine Bedürfnisse, Wünsche oder Anregungen zu kennen und zu verstehen, bildet die Voraussetzung für die permanente Optimierung von Produkt, Leistung und somit die Kundenzufriedenheit. Ziel von CRM ist es nicht nur, einen Kunden zum Kauf zu animieren, sondern ihn im Lebenszyklus seines Konsumverhaltens zu begleiten. Zukunftsorientierte Unternehmen stehen ihren Kunden bei, vom Bereitstellen von Informationen für Kaufentscheidungen bis hin zur Entsorgung obsoleter Produkte. Der Kunde muss wieder ein Gesicht bekommen und seine Wünsche müssen sich in einem umfassenden Kundenservice widerspiegeln.

Der Dienst am Kunden ist die effektivste Möglichkeit für ein Unternehmen, sich von der Konkurrenz abzuheben. Es gilt die Faustregel, dass die Neuakquisition eines Kunden wesentlich teurer für ein

Unternehmen ist, als die Kundenloyalität über längere Zeiträume mittels optimaler Kundenbindung zu fördern. Pauschal werden die Kosten fünf zu eins eingeschätzt. Umso schmerzlicher ist folglich die Tatsache, dass in 82% der Fälle mangelnde Kenntnis der Kundenbedürfnisse dafür verantwortlich ist, dass ein Kunde geht und nicht wiederkommt. Wenn man jetzt noch bedenkt, dass hiervon 98% kommentarlos wechseln, begreift man, welche strategischen Informationen den Unternehmen verloren gehen. Informationen, die helfen würden, gezielter auf die tatsächlichen Marktbedürfnisse einzugehen. Die Bereitstellung von Informationen über Kunden und deren Wünsche ist eines der Hauptziele von CRM.

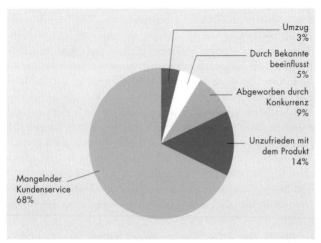

Gründe für Abwanderung von Kunden
Quelle: US News & World Report

Traditionell haben sich Marketingbemühungen immer auf Produktbewusstsein und Produktidentifizierung konzentriert. Einfache Marketingideen und -programme konnten durch schlichtes «Auffrischen» des Produktbewusstseins in einem bestimmten Marktsegment eine neue Anzahl von Käufern generieren. Selbst wenn diese Käufer nur kurzfristig blieben, wurden diese Programme als erfolgreich eingestuft. In der reizüberfluteten Werbelandschaft von heute sind sämtliche Informationskanäle mit solchen Produktinformationen überfüllt. Zusätzlich erschwerend für traditionelle Marketingbemühungen ist die wachsende Ähnlichkeit unter den konkurrierenden Produkten selber. Um sich zu differenzieren, müssen Marketingansätze wert- und qualitätsorientiert aufgebaut werden. Zunehmend suchen die Unternehmen die Nähe zum Kunden. Vorbei die Zeiten, in denen Selbstdarstellung als Werbebotschaft genügt. Das heutige Unternehmen muss seinen Kunden verbindlich kommunizieren, dass es für sie da ist und wie es über einen langen Zeitraum gedenkt, ihnen Service und Qualität zu liefern.

«Schnelllebigkeit» ist eines der grossen Schlagwörter unserer Zeit. Zielgruppen formieren sich, zerfallen, bilden sich neu, können heute eine wirschaftlich unbedeutende Minderheit und morgen einen ernst zu nehmenden Wirtschaftsfaktor ausmachen. Trendforschung ist zum Hochgeschwindigkeitsgeschäft geworden. Es geht nicht mehr nur darum, das Kaufverhalten eines Kunden zu prognostizieren, sondern ihn möglichst genau in seinen wandelnden Ansprüchen zu kennen. Die Geschwindigkeit der technischen Entwicklungen lässt keine genauen Prognosen hinsichtlich zukünftigen Kaufverhaltens zu. Will ein Unternehmen im Wettbewerb bestehen, so muss es dem rapiden Tempo der Anpassung an und Neusausrichtung auf ständig wechselnde Kundenbedürfnisse standhalten. Auch der Lebenszyklus hat sich dramatisch erweitert. Auf 18 Milliarden USD wird die Kaufkraft der 6-14-jährigen in den USA eingeschätzt. Schon jetzt ist diese junge Käuferschicht Ziel professioneller Marketingkampagnen. Am anderen Ende der Generationsschere steht eine kaufkräftige Gruppe mit immer längerer Lebenserwartung. Dabei lässt sich feststellen, dass statistisch gesehen 20% der Kunden bei Grossunternehmen 80% vom Umsatz ausmachen. Die Treue dieser Kundenschicht ist weitaus bedeutender als kostspielige Akquisition. Auf die Produkt- und Dienstleistungsentwicklung werden diese Markttrends schwere Auswirkungen haben.

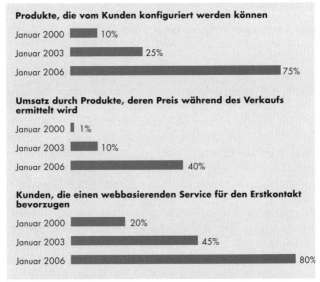

Umsatzentwicklung: Dynamik wird Wettbewerbsvorteil
Quelle: Forrester Research

Loyale Kunden sind das primäre Ziel von CRM: Aufgrund von Folgegeschäften, ihrer geringeren Preissensibilität, ihrer Bereitschaft für ein höheres Vertragsvolumen und vor allem einer nicht zu unterschätzenden Multiplikatorwirkung in ihrem privaten und beruflichen Umfeld sind sie für ein Unternehmen besonders wertvoll. Dabei sind zwei Wertfaktoren besonders wichtig für den Kunden. Einerseits die Leistung oder das Produkt selbst, das heisst: Was bekommt er für sein Geld? Andererseits die Qualität seines Kontaktes zum Unternehmen, mit anderen Worten: Wie wird die Leistung erbracht, beziehungsweise das Produkt betreut?

Kundenbindung ist menschlich

Das Nachrichtenmagazin «Spiegel» berichtete vom Computerhersteller Dell, der aus Umfragen weiss, dass Kunden, die schon einmal von einem ihrer Techniker gerettet worden sind, eher geneigt sind, den nächsten Computer wieder bei Dell zu kaufen, als diejenigen, die überhaupt nie ein Problem hatten. Auch wenn es auf den ersten Blick absurd zu sein scheint, was der amerikanische Computerhersteller Dell über seine Kunden erfahren hat, so reflektiert dieses Beispiel doch sehr anschaulich ein typisch menschliches Bedürfnis und seine genauso menschliche Reaktion: «Wer für mich da ist, wenn ich Hilfe brauche, dem verzeihe ich gerne seine Fehler und danke ihm mit meiner Treue.»

Unter *Kundenbindung* versteht man die Fähigkeit eines Unternehmens, faktische und emotionale Barrieren aufzubauen, die ein Abwandern von Kunden verhindern. Faktische Barrieren sind ökonomischer, technologischer oder vertraglicher Natur, emotionale Barrieren dagegen entstehen durch Zufriedenheit, Vertrauen und innere Verpflichtung. Dell hat aus der schwierigsten Belastungsprobe im Verhältnis von einem Unternehmen zu seinem Kunden, nämlich dem Reklamationsfall, einen Wettbewerbsvorteil gemacht. Der Eindruck eines vorzüglichen und unbürokratischen Kundendienstes blieb so stark haften, dass die Schwäche des eigentlichen Produktes verziehen wurde, der Kunde blieb dem Unternehmen treu.

Vergessenskurve

Grundsätzlich kann davon ausgegangen werden, dass jedes Erlebnis, ob positiv oder negativ, mit der Zeit in Vergessenheit gerät. Je nach Intensität und Wichtigkeit des Erlebnisses geraten Details immer weiter in den Hintergrund, bis das gesamte Erlebnis vergessen ist. Die Erlebnisintensität wird vom Produkt schon zu einem grossen Teil vorbestimmt. Durch zusätzliche Serviceleistungen um das Produkt herum kann diese Erlebnisintensität jedoch stark beeinflusst werden. In diesen zusätzlichen Dienstleistungen liegt also der mögliche Gestaltungsbereich. Allerdings muss davon ausgegangen werden, dass mit der Zeit auch positive Erinnerungen nicht automatisch im Gedächtnis bleiben.

Die Grafik illustriert einen ähnlichen Verlauf der Erinnerungen, gleich ob die Unternehmensleistung über oder unter dem erwarteten Dienstleistungsniveau gewesen ist. Allerdings bleiben negative Erlebnisse tendenziell länger haften als positive.

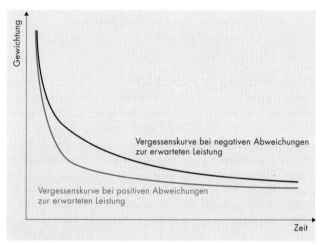

Vergessenskurve
Quelle: Baddeley, Alan David; Die Psychologie des Gedächtnisses; Stuttgart, 1979

Empfindungskurve
Kunden entwickeln je nach positiver oder negativer Abweichung von der erwarteten Leistung einen unterschiedlichen Zufriedenheitseffekt. Eine bestimmte Abweichung von der erwarteten Leistung im positiven Bereich hat kleine Auswirkungen auf einen positiven Kundenzufriedenheitseffekt. Umgekehrt löst eine identische negative Abweichung zur erwarteten Leistung eine ungleich stärkere negative Empfindung aus. Die Empfindungskurve zeigt ebenfalls auf, dass mehrere kleine Abweichungen von der erwarteten Leistung einen viel stärkeren Effekt auf die Kundenzufriedenheit haben als eine einmalige grosse Abweichung. Entscheidend ist, dass ein Unternehmen herausfindet, welche Leistung ein Kunde erwartet und wie sich diese Erwartungshaltung mit der Zeit verändert. Denn jeder Mehrnutzen und jeder Sonderdienst wird mit der Zeit vom Kunden als normal taxiert und die Erwartungen werden dementsprechend höher geschraubt.

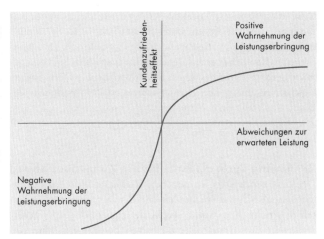

Empfindungskurve

Quelle: nach Kahnemann/Tversky; in: Frank, Robert H.; Microeconomics and behavior; Second edition; MC Graw-Hill; New York 1994; S. 285

Vergessen und Empfinden kombiniert

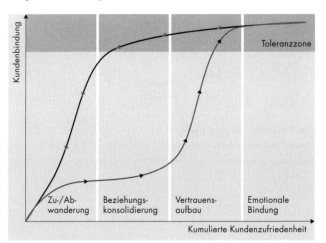

Die Kundenbindungshysterese
Quelle: PIDAS

Wenn die Tendenz der Vergessenskurve und der kumulierte Effekt der Empfindungskurve kombiniert betrachtet werden, ist zu erkennen, ob ein Kunde sich mit Abwanderungsgedanken trägt oder dem Unternehmen weiterhin die Treue hält. Mehrere positive Kontakte zwischen dem Kunden und dem Unternehmen bauen schrittweise die gegenseitige Loyalität auf. Es entsteht eine emotionale Bindung zwischen Kunde und Unternehmen und der Kunde nimmt eine Zeit lang sogar mangelhafte Produkte oder Dienstleistungen in Kauf, da er eine Toleranzgrenze überschritten hat. Langfristig bedarf es allerdings weiterer positiver Erlebnisse, um die gute Geschäftsbeziehung aufrechtzuerhalten und ein Abwandern des Kunden zu verhindern. Vergessen ist eben menschlich.

Der Buying Cycle als Basis für die Kundenbeziehung

Der *Customer Buying Cycle* zeigt in abstrahierter Weise das Zusammenspiel zwischen dem Kunden und dem Unternehmen, aufgeteilt in verschiedene Phasen. Das Modell eignet sich dazu, eine systematische Betrachtung aller möglichen Berührungspunkte zwischen dem Anbieter und dem Kunden darzustellen.

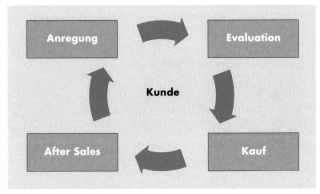

Der Customer Buying Cycle
Quelle: Muther, Andreas; Electronic Customer Care. Die Anbieter-Kunden-Beziehung im Informationszeitalter, 1999, S. 15

Die Kundenbeziehung lässt sich in vier Phasen unterteilen. Angefangen beim Wecken eines Kundenbedürfnisses über das Sammeln von detaillierteren Informationen zum betreffenden Produkt und die daraus resultierende Kaufentscheidung resp. Produktnutzung bis hin zur Entsorgung, sind von einem Unternehmen entsprechende Handlungen zu vollziehen, welche die Beziehungsgestaltung zwischen Unternehmen und Kunden nachhaltig beeinflussen.

Phase	Kundenbedürfnis	Aufgabe/Anbieter	Beschreibung
Anregung	• Neuheiten erfahren • Transparentes Angebot • Kundenindividuelle Information • Zeitgerechte Ansprache	• Markt- und Kundeninformationen sammeln • Interesse am Produkt generieren • Werbung • Public Relations, Verkaufsförderung	• Informationen sammeln und auswerten • Bekanntmachen einzelner Produkte und des Unternehmens als Ganzes • Zusätzliche und aussergewöhnliche Kaufanreize für bestehende Zielgruppen; kurzfristig und taktisch
Evaluation	• Konkrete Information bezüglich Leistung • Genaue Vorstellung über Bedürfnisse • Individuelle Information • Evaluationsunterstützung • Kommunikation	• Produkt- und Preisinformationen bieten • Beratung • Angebot erstellen • Unterstützung bei der Konfiguration • Entscheidungsunterstützung	• Kundenwünsche und -bedürfnisse erfassen und den Kunden in seiner Entscheidung unterstützen • Informationen über Produkte, Preise, und Unternehmen anbieten • Unterstützung bei der Konfiguration einer Leistung und dem Erstellen einer Offerte
Kauf	• Einfache Bestellabwicklung • Transparenz über den Bestellvorgang • Integrierte Bezahlung • Einfache Logistik • Sicherheit	• Bestellabwicklung • Abwicklung Zahlungsverkehr • Statusinformationen an Kunden weitergeben • Leistung liefern	• Abwickeln der Bestellung: Bestellung, Reklamation, Storno, Bestellstatus, Zusatzbestellung • Bezahlen einer Leistung, Abwickeln von Überweisungen, Bezug von Geld • Lieferung eines Produkts, z.B. Senden per Internet, Distribution, Erbringen einer Dienstleistung

Phase	Kundenbedürfnis	Aufgabe/Anbieter	Beschreibung
After Sales	• Einfache Bedienung • Reibungsloser Betrieb • Optimaler Service • Reparatur • Rasche Antworten auf Fragen	• Schulung • Beratung • Wartung/Service • Hotline/Trouble Shooting • Verarbeitung von Feedback der Kunden • Entsorgungsunterstützung • Kundenbindung/Kundenpflege	• Installation/Aufbau der Leistung beim Kunden, Schulung des Kunden, Inbetriebnahmen • Wartung des Produkts nach der Inbetriebnahme • Beantwortung von Kundenanfragen • Anreizsysteme für neuerlichen Produktkauf, Kundengemeinschaften

Unterschiedliche Kundenbedürfnisse in den vier Phasen des Buying Cycle
Quelle: Muther, Andreas; Electronic Customer Care. Die Anbieter-Kunden-Beziehung im Informationszeitalter, 1999, S. 17

CRM richtet das Augenmerk grundsätzlich auf den Kunden. Grundlagen zu Kundenverhalten wie auch eine systematische Analyse der spezifischen Kundenbedürfnisse in den einzelnen Phasen des Buying Cycle bilden die Ausgangslage der Beziehung zwischen dem Kunden und dem Unternehmen für die Strategieformulierung. Erst wenn ein genaues Bild des Kunden entstanden ist, kann der Massnahmenbedarf ermittelt werden.

2. Was ist CRM? Die Definition

«CRM ist eine Geschäftsphilosophie zur Optimierung der Kundenidentifizierung, der Kundenbestandssicherung sowie des Kundenwertes. Die Umsetzung dieser Philosophie erfolgt durch die Automatisierung aller horizontal integrierten Geschäftsprozesse, die über eine Vielzahl von Kommunikationskanälen die ‹Customer Touch Points› Vertrieb, Marketing und Kundenservice involvieren.» Quelle: Meta Group, 1999

> **Kernaussagen dieses Kapitels**
> - **CRM als Geschäftsphilosophie** – Gestaltung einer proaktiven, langfristigen Beziehung zwischen Kunde und Unternehmen mit dem Ziel, den Unternehmenserfolg zu sichern
> - **Teil eines umfassenden Marketings** – CRM bezieht sich auf alle Interaktionen mit dem Kunden
> - **Ausrichtung auf den Kunden** – Individualisierung der Leistung durch die konsequente Ausrichtung aller Prozesse an die Bedürfnisse des Kunden

CRM ist im weitesten Sinne eine Geisteshaltung, die sich darauf konzentriert, einem Kunden beständig und zuverlässig qualitativ hochwertige Produkte anzubieten, guten Kundendienst zu leisten und angemessene Preise zu fordern mit dem Ziel, eine langfristige, vertrauensvolle und für beide Seiten vorteilhafte Beziehung aufzubauen. Basis dafür ist ein ganzheitliches Marketing, das auf die Beziehung zwischen Unternehmen und Kunde abzielt. Kommunikations- und Distributionskanäle, Internetpräsenzen und andere Kundenschnittstellen sichern die Interaktion und sind feinfühlige Sensorien, die den ständigen Dialog mit dem Kunden ermöglichen. Die konsequente Individualisierung von Produkten und Serviceleistungen soll das Vertrauen des Kunden und somit seine Treue sichern. Denn je exklusiver der Kunde seine Beziehung zu dem Unternehmen wahrnimmt, umso unempfänglicher ist er für die Botschaften der Konkurrenz und desto grösser ist seine Toleranz gegenüber Fehlern. Das über die Interaktion gewonnene Wissen bildet die Grundlage zur Identifizierung neuer Geschäftspotenziale. Kunden werden gezielt angesprochen, attraktive Neukunden hinzugewonnen.

Im Idealfall wird sich dieser unternehmerische Ansatz einer umfassenden Dienstleistungsmentalität und konsequenten Kundenorientierung auf das gesamte sozio-ökonomische System des Unternehmens ausweiten; vom Management getragen und von allen Mitarbeitern gelebt. Die Prozesse hin zum Kunden werden identifiziert, konsequent auf den Kunden ausgerichtet und optimiert.

Diese Prozesse sollten durch intelligente IT-Lösungen unterstützt werden, die eine hohe Verfügbarkeit von Kunden- und Produktinformationen sicherstellen. Dem Kunden wird eine Infrastruktur zur Verfügung gestellt, die es ihm erlaubt, auf verschiedene Art und Weise mit dem Unternehmen zu interagieren. Die durch die ständigen Kontakte neu gewonnenen Erkenntnisse im Kundenverhalten fliessen im Sinne eines kontinuierlichen Verbesserungsprozesses laufend in die Geschäftsprozesse ein.

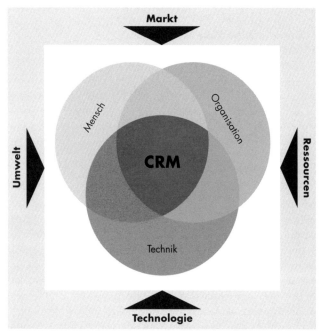

CRM – ein ganzheitlicher Ansatz
Quelle: PIDAS

 Laphroaig: Beziehungsmanagement als Existenzgrundlage

Der Whiskyproduzent Laphroaig auf der isolierten Hebrideninsel Islay vor der Westküste Schottlands produziert einen eigenwilligen, hoch qualitativen Single Malt. Whiskykäufer verhalten sich wie eine eingeschworene Gemeinschaft und feiern «ihren» Whisky mit Kultattributen. Da die Brennerei in erster Linie von der Kundentreue lebt, baut die Firma die persönlichen Beziehungen zu ihren Kunden kontinuierlich aus. Der Kauf der ersten Flasche bringt dem Kunden eine Besitzerurkunde für einen Quadratfuss Land auf der Insel Islay. Das Land mietet Laphroiag vom Kunden für einen «dram» Whisky pro Jahr, den sich der Kunde persönlich abholen kann. Jedes Jahr schreibt die Brennerei ihre Kunden mehrmals an, um Geschichten aus der Familie, Neuigkeiten aus der Whiskywelt und der Insel Islay weiterzureichen. Viele der Kunden besuchen tatsächlich die Whiskybrennerei. Ohne solch intensive Kundenpflege hätte das Unternehmen gegen die Vielzahl der Konkurrenten und die Vorherrschaft internationaler Marken wie Johnnie Walker keine Chance. Die bis dato unbesetzte Image-Nische «Familiengefühl» war ein voller Erfolg. Sie sprach den Menschen, nicht den Trendsetter an.

3. Zielsetzung und Strategie

«Ein Unternehmen macht Geld, wenn es Kunden mehr zufrieden stellt, als die Konkurrenz es vermag. Und die unternehmerische Aufgabe besteht nicht darin, Geld oder Autos zu machen, sondern einen rentablen Weg zu finden, um die vielfältigen Wünsche der Menschen nach Fortbewegungsmöglichkeiten zu erfüllen.» Quelle: General Motors

Kernaussagen dieses Kapitels

- **Sicherung des langfristigen Unternehmenserfolgs** durch die bessere Nutzung des Kundenbestandes, die gezielte Gewinnung hochwertiger Neukunden und die Optimierung der Kosten
- **Die Kernpunkte** bei der Formulierung der CRM-Strategie liegen in der Identifikation und der Art und Weise der Bearbeitung des Kundenmarkts sowie in der Gestaltung der Organisation
- **Die CRM-Strategie** definiert die Strategieform, die Art der Beziehung zum Kunden, den Umgang mit Informationen, die Strukturen und Abläufe. Sie beeinflusst und prägt die Werterstellung sowie die Unternehmenskultur
- **Die Zusammenhänge** zwischen Zielsetzung und Strategie in Form von Gestaltungsbereichen und Ergebnissen
- **Das «Total Customer Satisfaction»-Modell** als Orientierungshilfe für die Transformation eines Unternehmens in Richtung CRM

Strategisch gesehen muss CRM den fortlaufenden Bestand eines Unternehmens sichern. Dies wird durch die konsequente Ausrichtung aller geschäftlichen Aktivitäten an den Kundenbedürfnissen erreicht. Dynamische Märkte, technologische Innovationen, gesetzliche Bestimmungen und konjunkturelle Schwankungen verändern jedoch das Unternehmensumfeld laufend und erschweren damit die Identifikation der Kundenbedürfnisse und die proaktive Ausrichtung auf den Kunden. Notgedrungen befinden sich Unternehmen damit in einem ständigen Wandel, dem es mit weitsichtigen Strategien sowie mit flexiblen und optimal eingespielten Organisationsmodellen zu begegnen gilt.

Sicherstellung des langfristigen Unternehmenserfolgs

CRM lohnt sich wirtschaftlich. Die konsequente Ausrichtung aller unternehmensinternen Aufgaben und Prozesse an den Bedürfnissen und Wünschen der Kunden führt zu einer laufenden Verbesserung aller Abläufe und schafft Prozessüberlegenheit, was Kosten spart und die Qualität der Leistungen optimiert.

Dabei ist optimale Qualität nicht mit maximaler Qualität gleichzusetzen. Die so genannte «optimale Qualität» ist dann erreicht, wenn die Qualitätsanforderungen der Kunden ausreichend erfüllt sind. Aus finanztechnischer Sicht lässt sie sich einfach eruieren, denn sie ist in dem Punkt erreicht, wo die gesamten Qualitätskosten (= Summe aus Fehlerkosten und Qualitätssicherungskosten) minimiert werden können.

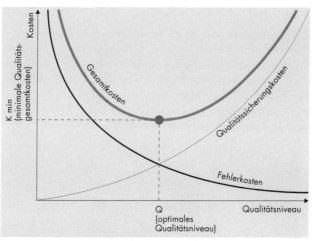

Qualitätskostenminimierung:
Fehlerkosten vs. Qualitätssicherungskosten
Quelle: Meffert/Bruhn: Dienstleistungsmarketing; S. 222

Unter Fehlerkosten werden sämtliche Kosten verstanden, die aufgrund mangelhafter Produkte resp. Dienstleistungen anfallen und zwar vor, während und nach dem Kauf. Das beinhaltet sowohl Ausschusswaren, für die bereits Herstellungskosten aufgewendet wurden, wie auch Garantieleistungen und Beschwerdekosten, um unzufriedene Kunden wieder zufrieden zu stellen. Diese Kosten sinken, je höher das Qualitätsniveau einer Leistung ist.

Qualitätssicherungskosten dagegen umfassen alle Massnahmen, die notwendig sind, um ein bestimmtes Qualitätsniveau zu erreichen. Darin enthalten sind z. B. Qualitätsplanung und -prüfung, Marktforschungsstudien, Ausgaben für Mitarbeiterschulungen sowie Investitionen für Infrastruktur und technische Hilfsmittel. Diese Kosten steigen, je höher das Qualitätsniveau einer Leistung ist.

Die Minimierung der Qualitätskosten ist eines der Ziele von CRM. Durch die im Rahmen der konsequenten Prozessverbesserung erzielte Effizienzsteigerung bis hin zur Prozessüberlegenheit werden generell Ressourcen und damit Kosten eingespart.

Auf der Ertragsseite lassen sich durch die bessere Nutzung des Kundenbestandes *Cross-Selling-* und *Up-Selling*-Potenzial realisieren und durch die gezielte Gewinnung von hochwertigen Neukunden substanzielle Steigerungen erreichen. Dadurch kann das Umsatzvolumen pro Kunde gesteigert werden. Das Unternehmen ist dadurch in der Lage, den *Total Customer Value* weitreichend abzuschöpfen. Gleichzeitig erhöht sich der Unternehmenswert und die langfristige Wettbewerbsfähigkeit wird gesichert.

In diesem Zusammenhang gilt es zu beachten, dass bei der Transformation eines Unternehmens in Richtung CRM die Ausgaben kurzfristig betrachtet steigen, während sich der Ertrag zu Beginn noch nicht substanziell verändert. Die gewünschten Effekte stellen sich in einem längerfristigen Zeitrahmen sowohl auf der Kosten- wie auf der Ertragsseite ein, womit sich die Investitionen im Sinne eines positiven *Return on Investment (ROI)* lohnen.

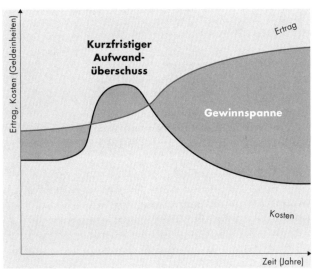

Langfristige Kosteneinsparungen vs. Ertragssteigerungen
Quelle: Kruschwitz, Lutz; Investitionsrechnung; München, 1998

Eckpfeiler der CRM-Strategie

Die Strategie definiert, welche Leistungen in welcher Form gegenüber welchen Kunden erbracht werden sollen und welcher Weg dafür zu wählen ist. Dabei handelt es sich um eine allgemeine Beschreibung, woran und wie sich ein Unternehmen künftig ausrichten will, damit es seine gesteckten Ziele erreicht. Die Strategie beeinflusst und prägt die organisatorischen und kulturellen Aspekte eines Unternehmens. Die CRM-Strategie ist der Ansatz für ein ganzheitliches Marketing. Bei deren Formulierung müssen intelligente Antworten auf folgende strategische Fragen gefunden werden:

- Welche Kunden sind die profitabelsten über die gesamte Dauer der Beziehung?
- Welche Faktoren spielen eine Rolle, damit Kunden dem Unternehmen langfristig verbunden bleiben?
- Wie können neue, profitable Kunden auf Dauer gewonnen werden?
- Wie muss die Organisation gestaltet sein, damit ein Maximum an Markt- und Kundennähe erreicht werden kann?
- Wie kann man rasch und flexibel auf unterschiedliche Bedürfnisse eingehen, die Produktivität und die Qualität der Leistungen ständig steigern, ohne dass sich die Kosten erhöhen?

Strategieformen

Kundenbezogene Strategien lassen sich in zwei Kategorien einordnen: Einerseits existieren offensive Kundenstrategien, die vor allem auf die Akquisition von Neukunden ausgerichtet sind, um neue Marktanteile zu erobern oder den bestehenden Marktanteil weiter auszubauen. Andererseits zielen defensive Kundenstrategien darauf ab, bestehende Kunden an das Unternehmen zu binden und sie durch die Erhaltung der Kundenzufriedenheit von einem Markenwechsel oder vom Abwandern zur Konkurrenz abzuhalten. Ein ganzheitliches Marketing im Sinne von CRM setzt auf einen Mix aus beiden Stossrichtungen, wobei die Gewichtung jeweils von der konkreten Unternehmenssituation bestimmt wird.

Kundenbeziehungen

Als Rahmen für die Strategieformulierung gilt die Art der Beziehung, die ein Unternehmen mit seinen Kunden aufbauen und pflegen will. Es können fünf Intensitätsstufen unterschieden werden:

- Einfache Beziehung: Das Produkt wird lediglich verkauft, kein weiterer Kundenkontakt.
- Reaktive Beziehung: Das Produkt wird verkauft. Der Kunde wird ermutigt, sich zu melden, wenn sich Fragen oder Beschwerdeanlässe ergeben.
- Verantwortung zeigende Beziehung: Kurz nach dem Kauf wird der Kunde kontaktiert, um herauszufinden, ob das Produkt und die Kontakterlebnisse mit dem Anbieter seinen Erwartungen entsprechen. Der Kunde wird ermutigt, Verbesserungsvorschläge zu äussern, um das Unternehmen bei der ständigen Verbesserung der Angebote zu unterstützen.
- Proaktive Beziehung: Der Kunde wird nach dem Kauf regelmässig kontaktiert. Dabei werden ihm Hinweise zur sinnvollen und vielseitigen Produktnutzung oder zu neuen Produkten geliefert wie auch Verbesserungsvorschläge von Kundenseite aufgenommen.

- Partnerschaftliche Beziehung: Das Unternehmen arbeitet Hand in Hand mit dem Kunden daran, die angebotenen Leistungen laufend zu verbessern, um so Einsparungen für beide Partner zu ermöglichen.

		Erzielbarer Deckungsbeitrag		
		hoch	mittel	gering
Anzahl der Kunden bzw. Absatzpartner	gross	Verantwortung zeigende Beziehung	Reaktive Beziehung	Einfache oder reaktive Beziehung
	mittel	Proaktive Beziehung	Verantwortung zeigende Beziehung	Reaktive Beziehung
	klein	Partnerschaftliche Beziehung	Proaktive Beziehung	Verantwortung zeigende Beziehung

Intensitätsstufen des Beziehungsmarketings
Quelle: Kotler, Philip/Bliemel, Friedhelm; Marketing-Management, 1995, S. 77

Informationsmanagement
Bei jedem Kontakt zwischen Unternehmen und Kunde werden Informationen ausgetauscht, die für das Unternehmen wichig sein können. Die Schaffung einer effizienten Infrastruktur zur Gewinnung, Auswahl und Interpretation von wettbewerbsrelevanten Daten ist deshalb ein Kernpunkt der CRM-Strategie. Ausgehend von der Antwort auf die Frage: «Welche Informationen brauchen wir von unseren Kunden, um diese langfristig kompetent bedienen zu können?», muss die Infrastruktur definiert werden. Es gilt, einen *Single Point of Information* zu schaffen, der diese in der Regel dezentral vorhandenen Informationen allen am Werterstellungsprozess Beteiligten zugänglich macht. Weiter müssen die verschiedenen Kanäle definiert werden, die so genannten *Customer Touch Points*, über die Kundeninformationen ins Unternehmen gelangen, sowie intelligente Werkzeuge gefunden werden, die Mitarbeiter, Teams und Prozesse optimal unterstützen. Neben diesen strukturellen Aspekten gilt es, dem kulturellen Aspekt des Umgangs mit Informationen Rechnung zu tragen, nämlich der Art und Weise, wie die Mitarbeiter mit Informationen umgehen sollen.

Organisation
Die Organisation oder Struktur eines Unternehmens orientiert sich an der Strategie. Im Rahmen von CRM muss sowohl die Aufbau- wie auch die Ablauforganisation konsequent auf den Kunden ausgerichtet werden. Die Prozesse werden ausgehend von den Kun-

denbedürfnissen definiert. Funktionen und Abteilungen entstehen nicht primär aufgrund klasssischer unternehmerischer Funktionen, sondern gestalten sich aufgrund des Werterstellungsprozesses und eines in sich geschlossenen Kundenbedürfnisbildes. Dafür eignen sich vor allem teilautonome Arbeitsgruppen oder so genannte *Category Teams*. In diesen Organisationsformen müssen Mitarbeiter als Dienstleister funktionieren. Das bedingt, dass jeder möglichst *polyvalent* arbeiten kann und mit dem Optimum an Kompetenzen und Verantwortung versehen ist.

Unternehmenskultur

CRM verändert die Art und Weise, wie ein Unternehmen seine Kunden wahrnimmt und bedient. Dies manifestiert sich in besonderer Weise in der Unternehmenskultur. Eine erfolgreiche CRM-Strategie schenkt diesem Aspekt spezielle Aufmerksamkeit. CRM beginnt im Unternehmen selbst. In einem ersten Schritt muss das Bewusstsein für interne Kundenbeziehungen wachsen. Manager, Abteilungen und Mitarbeiter, die sich als Lieferanten und Kunden verstehen lernen und diese Rollen trainieren und leben, haben die besten Voraussetzungen, den Kunden in Zukunft besser bedienen zu können. Diese konsequente Kundenorientierung muss täglich vom Management vorgelebt und von den Mitarbeitern umgesetzt werden.

Entwicklung und Produktion

Die individuelle Ansprache der Kunden mit Hilfe von differenzierten «Built to customer»- oder «*Mass customization*»-Angeboten ist ebenfalls Teil der strategischen Überlegungen. Denn nur wenn alle Prozesse optimal aufeinander abgestimmt sind und der Informationsfluss funktioniert, fliessen die Kundenbedürfnisse, Wünsche und Verbesserungsvorschläge auch tatsächlich in den Leistungserstellungsprozess ein. Und erst dadurch wird sichergestellt, dass die angebotenen Leistungen den Anforderungen des Marktes entsprechen und das Unternehmen das bestehende Kundenpotenzial voll ausschöpft.

Das «Total Customer Satisfaction»-Modell

Die folgende Grafik zeigt den Zusammenhang zwischen Zielsetzung und Strategie. Übergeordnetes Ziel jedes Unternehmens ist die Sicherung des langfristigen Unternehmenserfolgs. Damit dieses ökonomische Ziel erreicht werden kann, müssen die Mitarbeiter und Kunden zufrieden sein sowie die Prozesse zur Erstellung der Unternehmensleistung beherrscht werden.

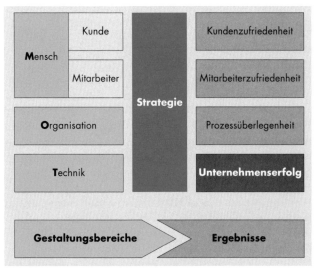

Das «Total Customer Satisfaction»-Modell
Quelle: PIDAS

Die CRM-Strategie zeigt auf, wie die Bereiche Mensch, Organisation und Technik zu gestalten sind, damit ein Optimum an Kunden- und Mitarbeiterzufriedenheit sowie Prozessüberlegenheit entstehen und somit der Unternehmenserfolg gesichert werden kann. Jeder der gezeigten Gestaltungsbereiche und Ergebnisse steht in einer Abhängigkeit zu den anderen. Denn wie bereits aufgezeigt, verlangt CRM die Ausrichtung aller internen und externen Geschäftsprozesse auf die Bedürfnisse des Kunden. Die Unterstützung der Prozesse durch modernste Informationstechnologien ermöglicht eine konsequente und rasche Informationsverarbeitung und ist Voraussetzung für die Beherrschung der Prozesse. Zufriedene und damit motivierte Mitarbeiter meistern die Prozesse und schaffen ein Höchstmass an Kundenzufriedenheit. Und dies führt zum Unternehmenserfolg und zu langfristiger, maximaler Wertsteigerung des Unternehmens. Sämtliche strategischen Massnahmen und Ziele können anhand der Gestaltungsbereiche und Ergebnisse gemessen werden. Die folgende Grafik zeigt die Abhängigkeiten.

**Spezifische Abhängigkeiten
zwischen Strategie und Zielsetzung**
Quelle: PIDAS

4. CRM – ein ganzheitlicher Ansatz

CRM baut auf dem vorhandenen personellen, organisatorischen und technischen Potenzial auf. Im Mittelpunkt steht die gezielte Optimierung von bereits Vorhandenem mittels innovativer Ansätze. Dabei müssen die drei Gestaltungsfelder Mensch, Organisation und Technik in einer ausgewogenen Gesamtlösung aufgehen.

Der Faktor Mensch

«Wenn Sie Mitarbeiter, Kunden oder Lieferanten fester an Ihr Unternehmen binden wollen, kommt Geld nur bei völliger Einfallslosigkeit als Mittel in Frage.» Quelle: Harvard Business Manager 2/2000, S. 18

Kernaussagen dieses Kapitels

- **Kundendialog** – Vertrauensaufbau, Beziehungsgestaltung, Individualisierung der Leistung
- **Das Beziehungsdreieck** – Harmonisches Zusammenspiel zwischen Zuneigung/Nähe, gegenseitiger Übereinstimmung und Kommunikation schafft Vertrauen
- **Kundenorientierte Unternehmenskultur** – Sensibilisierung und Befähigung der Mitarbeiter, Empowerment, Bereitstellung von Hilfsmitteln zur polyvalenten Aufgabenerfüllung
- **Veränderungsprozess** – Frühzeitiger Einbezug aller Betroffenen in bevorstehende Veränderungen

Mit dem Kunden im Gespräch bleiben

Ein Geschäft ist immer ein Geschäft von Mensch zu Mensch. CRM baut auf dieser Erkenntnis auf und rückt den Menschen als wichtigsten Erfolgsfaktor ins Zentrum der Betrachtung, unabhängig davon, ob Mitarbeiter, Partner oder Kunde. Denn die wichtigste Informationsquelle ist der Kunde selbst und jeder Mitarbeiter kann viel von seinen Kunden lernen. Als Basis für eine langfristige und vertrauensvolle Geschäftsbeziehung bedarf es deshalb einer sorgfältigen Kommunikation vom Unternehmen zum Kunden wie auch vom Kunden zum Unternehmen.

Im Dialog mit dem Kunden gibt es verschiedene Handlungen, die einen positiven oder negativen Einfluss auf die Beziehung haben können.

Positiv	Negativ
Suche von selbst telefonischen Kontakt (proaktiv)	Rufe nur zurück (reaktiv)
Bringe Empfehlungen	Bringe Rechtfertigungen
Sei freimütig in der Sprache	Zurückhaltend in der Sprache
Kontakte per Telefon	Kontakte per Brief
Teile mit, was du gut findest	Sage erst etwas bei Missverständnissen
Mache Service-Vorschläge	Warte auf Service-Anfragen
Gehe bei Problemlösungen sprachlich vom «wir» aus	Benutze den Juristenjargon zu «Schuldverhältnissen»
Packe Probleme an	Reagiere auf Probleme
Drücke dich kurz und bündig aus	Drücke dich langatmig aus
Sei offen bei Persönlichkeits-problemen	Verdecke Persönlichkeits-probleme
Sprich über die gemeinsame Zukunft	Sprich über Wiedergut-machung für Vergangenes
Reagiere routinemässig	Reagiere mit Hektik
Akzeptiere Verantwortung für Fehler	Schiebe Fehler auf andere
Plane für die Zukunft	Wiederhole Vergangenes

Handlungen und deren Auswirkungen auf die Beziehung zu Kunden

Quelle: Theodore Levitt; in: Kotler, Philip; Marketing-Management, 1995, S. 78

Das Beziehungsdreieck dient der Visualisierung der Qualität von menschlichen Beziehungen. Die Grösse dieses Dreiecks gibt Auskunft über die Qualität des Vertrauensverhältnisses, das heisst, je grösser das Dreieck, umso besser ist die Beziehung zwischen zwei Menschen. Gründe für Störungen können damit eingegrenzt und geeignete Massnahmen zu deren Behebung ergriffen werden.

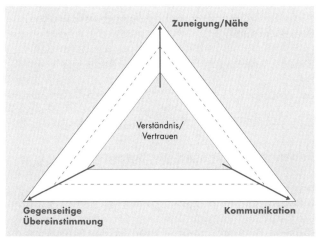

Das Beziehungsdreieck
Quelle: nach Tschuppert; TCM Tschuppert Verkaufstraining

Fällt das Dreieck aufgrund einer Störung der Beziehung in sich zusammen, kann das Vertrauen mit gezielten Massnahmen in einem oder mehreren der drei Aspekte Kommunikation, Übereinstimmung und Zuneigung/Nähe wieder hergestellt werden.

Beispiel: Der Kunde reklamiert einen Produktfehler.
Er ist mit der Qualität des gelieferten Produktes nicht zufrieden und ruft erbost den Verkäufer an. Das Vertrauen ist massiv gestört. Der Verkäufer versucht diese Situation zu entschärfen, indem er das Problem eingrenzt (Kommunikation) und dem Kunden die übereinstimmende Wahrnehmung des Problems (Übereinstimmung) bestätigt («Da haben Sie recht, dieses Produkt ist fehlerhaft.»). Um die Vertrauensbeziehung wieder herzustellen, muss er jetzt natürlich das Problem auf möglichst kulante Art und Weise aus der Welt schaffen, um damit die partnerschaftliche Beziehung wieder ins Lot zu bringen («Ich mache Ihnen einen Vorschlag: ...»). Damit wird die gestörte Zuneigung wieder gewonnen.

Die Einbindung der Mitarbeiter als Erfolgsfaktor

Die Erlebniswelt des Kunden beim Kauf eines Produktes wird sehr stark durch den persönlichen Kontakt mit den Vertretern des Unternehmens geprägt. Dabei fliessen auch typisch menschliche Charakteristika wie Freundlichkeit und Zuverlässigkeit in die Bewertung ein. Für den Kunden stellt jeder einzelne Mitarbeiter die Personifizierung des Unternehmens samt dessen Produkten und Dienstleistungen dar. Der individuelle Charakter, die Art und der Ton eines Kundenbetreuers ist deshalb immer auch gleichzeitig die Visitenkarte eines Unternehmens.

Alle Mitarbeiter eines Unternehmens, besonders aber diejenigen mit direktem Kundenkontakt, müssen CRM leben. Dies verlangt, dass sie sich mit den Zielen des Unternehmens identifizieren und sich eine Dienstleistungsmentalität aneignen. CRM bedingt dementsprechend eine Veränderung der geltenden Unternehmenskultur. An erster Stelle steht die Förderung der Leistungsbereitschaft und der Eigenverantwortung jedes Einzelnen. Wenn sich Mitarbeiter gezielt um die Kunden kümmern sollen, müssen sie ihre Aufgaben und Kompetenzen kennen, bereit sein, Verantwortung für ihr eigenes Handeln zu übernehmen und vor allem auch über die nötigen Instrumente und eine passende Infrastruktur verfügen *(Empowerment)*. Dafür ist die Schulung und die Qualifizierung des Personals unter CRM-Aspekten unerlässlich. Dabei sollen fachliche, methodische wie auch soziale Kompetenzen gefördert werden. Die Befähigung der Mitarbeiter allein genügt allerdings nicht, sie müssen auch ihre Verantwortung wahrnehmen dürfen, um die im Rahmen ihrer Kompetenzen liegenden Aufgaben erfüllen zu können *(Kompetenzkongruenz)*.

Damit die Mitarbeiter motiviert sind und sich langfristig an ein Unternehmen binden wollen, bedarf es einer partnerschaftlichen Beziehung zwischen Unternehmen und Mitarbeiter. Dies bedingt neben umfassender *Ausbildung* auch ein internes *Vertrauensmanagement* und eine flexible und möglichst individuelle Gestaltung der beruflichen Zukunft jedes Einzelnen.

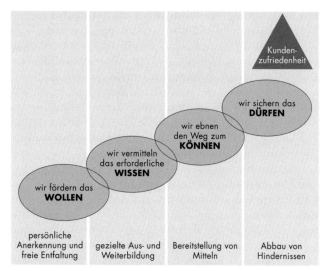

Dimensionen der Mitarbeiterorientierung
Quelle: PIDAS

 Beispiel Deutsche Bahn: Kundenbetreuerausbildung
Nach der schwerfälligen Umwandlung der öffentlich
gehaltenen Deutschen Bundesbahn in die private Aktiengesellschaft Deutsche Bahn AG wollte man auch um
neue Kunde werben. Das Image der Bahn war als kun-
denunfreundlicher Behördenapparat negativ behaftet.
Der Kunde sollte nun klar in den Mittelpunkt gerückt
werden und dies trotz gewaltiger Personalreduzierung.
In aufwendigen Seminarreihen brachte man dem Be-
treuungspersonal auf Bahnhöfen und Zügen eine
freundliche Dienstleistungsmentalität näher. Im Kampf
um den Kunden, der als Alternative zum Zug ja schliesslich auch mit dem Auto oder dem Flugzeug reisen
kann, hat sich die Deutsche Bahn mit Hilfe eines kun-
denorientierten Service profilieren können.

Die Entwicklung hin zu CRM bedeutet immer auch Veränderungen für die betroffenen Menschen. Veränderungen bringen aber
auch Widerstände hervor. Es entstehen Ängste vor dem Neuen und
Ungewissen, Gefühle der Trauer (Abschied nehmen von Vertrau-
tem) oder Enttäuschung (bisherige Werte zählen nichts mehr) kommen auf und Bestehendes wird plötzlich glorifiziert. Ein wichtiger
Grundsatz in diesem Zusammenhang ist die Maxime, «Betroffene
zu Beteiligten» zu machen. Damit dieser Grundsatz aber nicht zu
einem reinen Lippenbekenntnis verkommt, müssen die von einer

Veränderung betroffenen Menschen konsequent und vor allem frühzeitig in den Entscheidungs- und Gestaltungsprozess einbezogen werden. Falls dem Aspekt der Mitwirkung der Betroffenen zu wenig Bedeutung beigemessen wird, ist eine Veränderung nur sehr schwer durchsetzbar, da die Mitarbeiter sich mit Resignation, Zynismus und fatalistischen oder gar sabotageähnlichen Reaktionen gegen die Neuerungen wehren könnten.

Der Veränderungsprozess kann modellhaft in drei Phasen aufgeteilt werden, die nacheinander durchlaufen werden: Auftauen, Verändern und Wiedereinfrieren (siehe Grafik). In der Phase des Auftauens wird das bisherige Tun in Frage gestellt und bei den Betroffenen die Motivation für den Wandel geweckt. In dieser Phase kann das Management durch Kommunizieren der Absichten Transparenz schaffen und die Mitarbeiter ermuntern, Ideen und Anregungen einfliessen zu lassen. In der Phase der Veränderung werden konkrete Massnahmen umgesetzt, die Menschen bewegen sich geistig und eventuell auch räumlich hin zum Zielzustand. In dieser Phase stecken die Mitarbeiter in einem intensiven Lernprozess, der durch gezielte Schulungsmassnahmen sowohl on-the-job wie auch off-the-job unterstützt werden kann. Zudem dient das Feedback von Dritten dazu, die Neuausrichtung zu bestätigen und zu unterstützen oder – wenn nötig – noch Korrekturen anzubringen. In der «Refreezing»-Phase schliesslich geht es um das Verankern der neuen Situation. Das geforderte, neue Verhalten wird mehr und mehr institutionalisiert, wenn sich der Mensch wieder wohl fühlt und auch feststellt, dass die neue Situation Erfolg mit sich bringt.

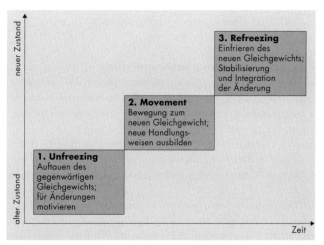

Dreistufiges Modell des Veränderungsprozesses
Quelle: Kiechl, Rolf; Management of Change; S. 291

Menschen nehmen Veränderungen sehr individuell auf. Ein subtiles und sensibles Vorgehen ist deshalb unerlässlich. Ferner ist bei der Planung darauf zu achten, dass eine vorangegangene Veränderung abgeschlossen und sicher bewältigt ist. Ist die Refreezing-Phase noch sehr jung, besteht die Gefahr, dass die Betroffenen wandlungsmüde sind und damit noch nicht bereit für eine erneute Veränderung. Sie fühlen sich hilflos und beginnen, nur noch reaktiv anstatt proaktiv zu handeln. Erst wenn sich in einem Unternehmen die «Kultur des Wandels» institutionalisiert hat, kann sich das Prinzip der lernenden Organisation entfalten, wo sich die Strukturen fliessend wandeln, bevor sie wieder festgefahren sind.

Der Faktor Organisation

«Wertorientierte Führung von Unternehmen heisst – neben vielem anderen – für die Sicherheit der Entwicklungsfähigkeit der Organisation besorgt zu sein.» Quelle: Baitsch, Christof, et al; Wertorientierte Unternehmensführung; S.252

Kernaussagen dieses Kapitels
- **Identifikation von Kernprozessen** – Neuproduktentwicklung, Auftragsgenerierung und -erfüllung, integrierte Logistik
- **Prozessoptimierung** – Ausrichtung der Aufbau- an der Ablauforganisation auf Kundenbedürfnisse, transparenter Informationsfluss, optimaler Ressourcenverbrauch
- **Organisatorische Gestaltungsvarianten** – Drei Praxisbeispiele: Customer Interaction Center, schnittstellenübergreifende Prozessdefinition und Supply Chain Management

Prozess- statt Funktionsorientierung
Unter *Prozessen* wird die bestimmte Abfolge von Tätigkeiten verstanden, die zur Erbringung einer Leistung notwendig sind. Aus Unternehmenssicht können drei Kernprozesse identifiziert werden.

1. Der Prozess zur Entwicklung neuer Produkte: Dieser Prozess umfasst alle Aktivitäten, durch die neue Produkte rasch, in hoher Qualität und zu einem adäquaten Preis auf dem Markt eingeführt werden.
2. Der Prozess zur Auftragsgenerierung und Auftragserfüllung: Dieser Prozess umfasst alle Aktivitäten, die mit Beschaffung und Entgegennahme von Aufträgen, dem pünktlichen Versand von Waren, der Rechnungsstellung und dem Inkasso zu tun haben. Ferner alle Aktivitäten, die dazu dienen, dass dem Kunden die richti-

gen Ansprechpartner zur Verfügung stehen und er schnell und zufriedenstellend mit den gewünschten Serviceleistungen, Antworten und Problemlösungen bedient wird.

3. Der Prozess der integrierten Logistik: Dieser Prozess beinhaltet alle Aktivitäten, welche die optimalen Wert-, Material- und Informationsflüsse nach zeitlichen, finanziellen und qualitativen Kriterien sicherstellen sollen. Dies betrifft z. B. die Optimierung der Lagerhaltung von Rohstoffen, Zwischen- und Endprodukten, damit diese zur richtigen Zeit in der richtigen Menge und Qualität am richtigen Ort verfügbar sind, ohne durch Übervorratung Ressourcen zu verschwenden.

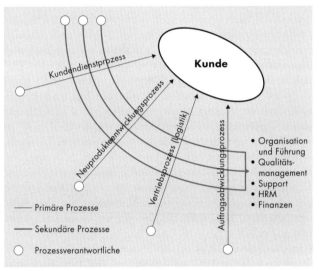

Prozessorganisation
(Prozesse sind aus der Kundenoptik zu definieren)
Quelle: PIDAS

Anstatt die Prozesse fragmentiert und funktionsorientiert zu betrachten, müssen die einzelnen Abteilungen durch konsistente Abläufe so vernetzt werden, dass die Kundenbedürfnisse optimal erfüllt werden können. Ein durchgängiger Informationsfluss muss im gesamten Unternehmen etabliert werden, damit erforderliche Informationen über den Kunden und die angebotenen Produkte und Dienstleistungen jederzeit dort verfügbar sind, wo sie benötigt werden. Während der Kunde an nur einer Kommunikationsschnittstelle mit dem Unternehmen in Kontakt tritt, haben seine Wünsche und Bedürfnisse weit reichende Auswirkungen auf die Produktions-, Logistik-, und Serviceabteilungen des Unternehmens. Dafür ist aber nicht nur eine funktionierende Kommunikation zwischen dem Kunden und dem Unternehmen erforderlich, sondern eine kontinuierliche Optimierung aller Geschäftsprozesse, unterstützt durch die notwendigen technischen Hilfsmittel. In der Versicherungsbranche wurden durch derartige Prozessoptimierungen bereits beachtliche Erfolge erzielt:

Der wachsende Konkurrenzdruck innerhalb der Versicherungsbranche hat bezüglich Leistungs-, Kommunikations-, Vertriebs- und Preispolitik zu gewaltigen Neustrukturierungen geführt. Die einzelnen Organisationseinheiten waren früher strikt nach Produkten getrennt organisiert. Jede Abteilung betrachtete die Kunden lediglich aus der Verantwortung ihres Produktbereiches, wusste jedoch kaum, welche sonstigen Transaktionen der Kunde mit dem Unternehmen pflegte. Um den individuellen Bedürfnissen der Kunden Rechnung zu tragen, wurde eine modulare Produktpalette zusammengestellt, die sich zu massgeschneiderten Produktbündeln kombinieren lässt – eine Aufgabe, die eine komplette Neustrukturierung des Vertriebs voraussetzte. Die bisherigen Produktbereiche, die ein Inseldasein im Gesamtunternehmen fristeten, wurden zu einem verzahnten Produktportfolio zusammengefasst, das keine Kundenwünsche mehr offen liess. Anstelle des internen Wettbewerbs einzelner Abteilungen wurden die Kunden in verschiedene Segmente eingeteilt. Die Kunden erhalten nun für ihre gesamte Interaktion mit dem Unternehmen einen einzigen Ansprechpartner, der für sämtliche Bedürfnisse zuständig ist. Die Kundenbeziehung wird transparenter. Durch eine Verfeinerung der gewonnenen Informationen, in Verbindung mit klaren Zuständigkeiten, lässt sich das künftige Angebot besser voraussehen und planen.

Prozessoptimierung lässt sich allerdings nur erreichen, wenn die *Aufbauorganisation* mit allen Abteilungen und Funktionen entsprechend gestaltet ist.

Praxismodelle

Die folgenden drei Praxisbeispiele zeigen die Wechselwirkungen zwischen Kundenschnittstellen und den verschiedenen Unternehmensbereichen auf. Anhand der Wertschöpfungskette wird die Organisationsstruktur grafisch betrachtet.

Beispiel 1: Customer Interaction Center

Erst vor einem Jahr begann Dell Computers ihre Produkte über Internet/www zu verkaufen. Heute zählt der Web-Server 225000 Zugriffe pro Woche und setzt täglich Computer und verwandte Produkte im Wert von zwei Millionen Dollar um. Um den Einkaufsprozess zu vereinfachen, existiert die Möglichkeit, sich eine individuelle Dell-Page («My Dell») zusammenzustellen, die auf die Interessen des Anwenders zugeschnitten ist (Computermodelle, Firmeninformationen usw.). Sie erleichtert die Suche nach Produkten und Dienstleistungen sowie die Navigation durch den Web-Server. Der Kunde kann den Status jeder Bestellung (etwa Produktionsstatus, Lieferstatus) jederzeit über das Internet abfragen. Die Dell-Kunden haben aber auch die Möglichkeit, telefonisch mit dem Unternehmen Kontakt aufzunehmen, um Bestellungen oder konkrete Anliegen vorzubringen.

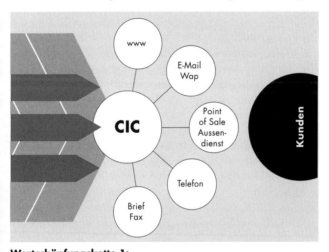

Wertschöpfungskette 1:
CIC als Schnittstelle zwischen Unternehmen und Kunden
Quelle: nach Thommen, Jean-Paul; Managementorientierte Betriebswirtschaftslehre; S. 618

Erläuterung: Das *CIC (Customer Interaction Center)* ist die zentrale Kontaktstelle eines Unternehmens. Unabhängig vom jeweils gewählten Kontaktmedium werden im CIC unter Zuhilfenahme modernster Informationstechnologien sämtliche Kommunikationsflüsse zwischen Unternehmen und Kunden koordiniert und bearbeitet.

Beispiel 2: Auswirkung von Kundenwünschen auf interne Prozesse
1995 führte die Vobis AG ihr Built-to-Customer-(BTC-) Konzept ein und verlegte die Fertigung, die bis dato in der Filiale stattfand, in die Vobis-Zentrale nach Würselen. Die Idee kommt aus dem Automobilbau. Wie beim Fahrzeugkauf wählt der Kunde in der Filiale von vielen

Konfigurationsvarianten die geeignete aus und lässt sich sein individuelles Produkt zusammenstellen *(Mass Customization)*. Der Fachberater in der Vobis-Filiale nutzt dazu ein Konfigurationsterminal (verbunden mit einer zentralen VOBIS-Experten-Datenbank) und konfiguriert gemeinsam mit dem Kunden einen passenden PC. Das Programm errechnet aus der aktuell eingegebenen Konfiguration den Komplettpreis und überprüft die technische Kompatibilität sowie die Verfügbarkeit der Bauteile. Sobald der Fachberater den Kundenauftrag am Konfigurationsterminal bestätigt, wird die Bestellung in die Produktionszentrale übermittelt, wo vollautomatisch ein Produktionsauftrag generiert wird: Kommissionierung der Komponenten, Vorbereitung der Software, Bereitstellung der Verpackung usw. Die Produktion und die Auslieferung des fertigen Geräts benötigen für Bestellungen aus Deutschland lediglich 48 Stunden, das heisst, der Kunde kann seinen PC zwei Arbeitstage nach Auftragserstellung in der Vobis-Filiale abholen. Die Filialen halten zusätzlich einen Grundbestand an PC-Bauteilen, um vor Ort flexibel und kurzfristig auf Kundenwünsche reagieren zu können.

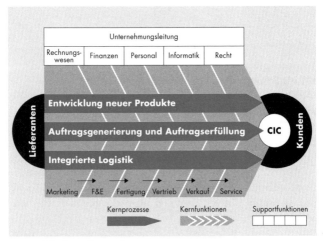

Wertschöpfungskette 2:
Interne, Schnittstellen übergreifende Prozesse
Quelle: Thommen, Jean-Paul; Managementorientierte Betriebswirtschaftslehre; S. 618

Erläuterung: Kundenwünsche wirken sich auf die interne Prozessorganisation, die Logistik und die Serviceabteilung aus.

Beispiel 3: Kundenwünsche beeinflussen die Produktion
In den letzten Jahren hat der Radsport enorm an Popularität gewonnen. Auch der Markt für Rennräder ist analog dazu gewachsen, wobei die Investitionen in ein Profigerät schnell fünfstellige Beträge erreichen können. Für den Preis erwarten die Kunden jedoch Luxusqualität. Der Fahrradhersteller Rockybike hat seinen ganzen Betrieb auf den einzelnen Kunden ausgerichtet. Niedrigere Stückzahlen erlauben perfekt massgeschneiderte Fahrräder. Mit verschieden Herstellern von Einzelkomponenten wird eng zusammengearbeitet und so stellen auch Abweichungen von Standardteilen für Rockybike keine Probleme dar. Der Kunde kann selbst über die Ausstattung der Bremsen und Schaltungen entscheiden, die Beratung liefert die Firma. Auch der Fahrradrahmen wird nach Mass gefertigt. Nicht nur Material und Farbgebung, sondern auch die Grössenmasse werden nach individuellen Kundenwünschen angefertigt. Die Umstellungen in der Produktionsanlage waren geringfügig, dagegen waren intensive Veränderungen in der partnerschaftlichen Zusammenarbeit mit den Lieferanten notwendig. Der Erfolg war, dass nirgendwo anders der Kunde so ein personalisiertes Rennrad für einen vergleichsweise günstigen Preis erwerben konnte.

Erläuterung: Kundenwünsche haben direkte Auswirkungen auf alle involvierten Unternehmensbereiche, bis hin zu Lieferanten von Einzel- und Fertigungsbestandteilen *(Supply Chain Management)*.

Der Faktor Technik

«Wenn Sie in IT investieren, geht es nicht mehr um eine Steigerung der Produktivität. Es geht darum, Kunden zu erreichen, zufrieden zu stellen und zu behalten. Es geht ums Überleben.»
Jeff Papows, Präsident von Lotus Corp.

Kernaussagen dieses Kapitels
- **Multichanneling** – Nutzung unterschiedlicher Kommunikations- und Distributionskanäle zur Eröffnung neuer Dialogmöglichkeiten zur Optimierung der Kosten
- **Single Point of Information** – Integration einzelner Dateninseln zur Schaffung eines vollständigen Kundenbildes
- **Prozessunterstützung** – Werkzeuge zur effizienten und umfassenden Kundenbearbeitung
- **Kontinuierlicher Verbesserungsprozess** – Nutzung des Wissens über Kunden zur Verbesserung und Individualisierung der Leistung in Produktion, Forschung & Entwicklung und Marketing

Multichanneling als Basis für ständigen Dialog

Die Technik spielt bei der Realisierung von CRM eine tragende Rolle. Sie dient dazu, die Prozesse so zu unterstützen, dass sich die Mitarbeiter auf ihre Kernkompetenzen konzentrieren können. Dem Kunden bietet sie eine Vielzahl von Kommunikationsmöglichkeiten mit dem Unternehmen *(Multichanneling)*. Dem Multichanneling liegt der Gedanke zu Grunde, dem Kunden einen möglichst interaktiven Austausch und eine Vielzahl von Kontaktkanälen anzubieten. Ob per Brief, per E-Mail, Fax, *Hotline*, Internet oder Telefon, die Technik ermöglicht es einem Unternehmen, mit dem Kunden eine individuelle, dialogintensive Beziehung aufzubauen *(One-to-One-Marketing)*, ohne dass die geografische Distanz von Bedeutung ist.

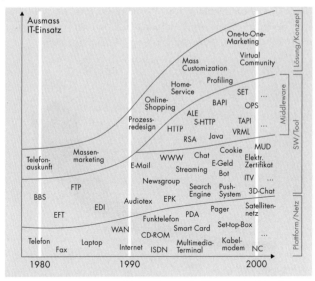

Explosionsartige Entwicklung der Technik im Zeitablauf
Quelle: Muther, Andreas; Electronic Customer Care. Die Anbieter-Kunden-Beziehung im Informationszeitalter; 1999, S. 13

Die Integration des Internets in die Geschäftsprozesse hat weit reichende Auswirkungen auf die Unternehmen. Fristete der Internetumsatz bislang ein Nischendasein aus unternehmerischer Sicht, so birgt dieser Geschäftszweig ein enormes unrealisiertes Potenzial. Das Internet wird als Geschäftsportal immer selbstverständlicher. Aus der Tummelwiese für technisch versierte Aussenseiter ist eine Alltagsplattform für Geschäfte entstanden. Auch komplizierte Produkte mit einem hohen Beratungsaufwand, wie Versicherungspolicen, Hardware und Software-Neuheiten sowie komplizierte Netzwerktechnik, werden mittlerweile über das Internet angeboten. Dies betrifft nicht nur spezifische Internetunternehmen, die ihre Präsenz virtuell darstellen, sondern auch klassische Unternehmen mit einem weit verzweigten Beziehungsnetz zu Kunden und Partnern. Im *Business-to-Business* Bereich kann das Internet die Kommunikation und den Prozessablauf stark unterstützen. Es ist festgestellt worden, dass in einem klassischen Unternehmen ca. 50 USD an Transaktionskosten pro Bestellung anfallen, ungeachtet der georderten Menge. Nach Angaben der Firma Microsoft haben Unternehmen, die ihre Produkte via Internet vermarkten, die Beschaffungskosten pro Auftrag von 140 USD auf 5 USD senken können. Hier bieten *E-Commerce*-Lösungen adaptionsfähige Möglichkeiten, um sich für die Entwicklungen des nächsten Jahrzehnts zu rüsten. Dabei lassen sich vier Integrationsstufen unterscheiden:

Reine Produktpräsentation und Werbung via Internet; elektronische Berater; Verkauf von Produkten (E-Commerce); Integration des Internets in den gesamten Leistungserstellungsprozess.

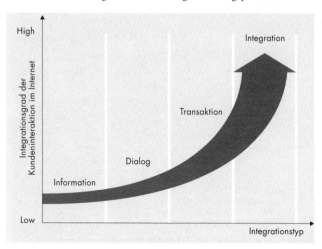

Integrationsstufen des Internets
Quelle: PIDAS

Integration aller Informationssysteme zur optimalen Prozessunterstützung

IT-Architekturen sind historisch gewachsene Ansammlungen von verschiedenen Applikationen, die auf uneinheitlichen Programmiersprachen basieren. In den Unternehmen stehen 486er-Rechner neben den neusten Pentium-Maschinen und in den einzelnen Unternehmensbereichen werden unterschiedliche Betriebssysteme eingesetzt. Informationen werden unkoordiniert festgehalten, die «Datenbanken» reichen von Notizzetteln bis hin zu multidimensionalen Applikationen. Die Daten erfüllen den Informationsbedarf einzelner Abteilungen, stehen aber dem Gesamtunternehmen nicht einheitlich zur Verfügung.

In den meisten Fällen müssten die Datenbestände jedoch aus Sicht des Gesamtunternehmens systematisiert werden. Sämtliche relevanten Daten, die aus dem Verkauf, den Lagern, den Beziehungen zu den Lieferanten und von Kundenkontakten her gewonnen werden, müssen für alle Mitarbeiter verfügbar sein. Während die technische Umsetzung dieser Forderung über verschiedene Datenbanken hinweg kein Problem darstellt, liegt die Schwierigkeit darin, den Informationsfluss so zu koordinieren, dass die gewünschte Information rechtzeitig zur Verfügung steht und nicht in einer Informationsflut untergeht.

Exzellente Kundenbeziehungen in der Praxis

 Wenn ein Schiff in einen Hafen mit einer ABB-Servicestelle einläuft, so können die Mitarbeiterinnen und Mitarbeiter der ABB Turbosystems AG bereits anhand des Schiffsnamens aus ihrer Datenbank die spezifischen Kennwerte des im Einsatz stehenden Turboladers bestimmen und, noch bevor die Taue festgezurrt sind, die nötigen Massnahmen einleiten. Online lässt sich feststellen, wo die erforderlichen Ersatzteile verfügbar sind: entweder in der Schweizer Zentrale oder in einer der rund 80 um den Globus verteilten Servicestellen. Innerhalb von 24 Stunden wird jedes Ersatzteil ausgeliefert – eine Garantie der ABB Turbosystems AG, die unübertroffen ist.

 Ein Kunde teilt der Aussenstelle der ABB Network Partner AG, einem Gebiet der Netzleit-, Schutz- und Kommunikationstechnik, telefonisch Unregelmässigkeiten im Regelungssystem seiner Anlage mit. Sofort wird das Feedback in eine Lotus-Notes-Datenbank eingegeben und im Rahmen eines definierten Problemlösungsprozesses bearbeitet. Bereits nach wenigen Tagen ist der Fehler behoben. Damit jedoch nicht genug: Aktionen zur kontinuierlichen Verbesserung werden eingeleitet, um ähnliche Vorfälle in Zukunft zu vermeiden.

 Auch die Verkäufer der ABB Normelec AG, einer Handelsgesellschaft für elektrotechnische Standardprodukte, wissen beinahe alles über ihre Kunden. Jeder Kundenkontakt wird im Kundeninformationssystem festgehalten. Diese Datenbasis dient der Firma als Grundlage für ihre Kundensegmentierung, ihr Key Account Management sowie die Planung ihrer Verkaufstätigkeit. Da die Verkäufer die Rentabilität jedes einzelnen ihrer rund 6000 Kunden kennen und über die Kosten des Verkaufsprozesses genau im Bilde sind, bearbeiten sie ihre Märkte sehr gezielt. Diese Transparenz ist das Resultat der neuen Prozesskostenrechnung, die jedem Kunden den für ihn erbrachten Marketing- und Verkaufsaufwand zuweist.

Kernziel einer Vernetzung der verschiedenen Datenbanken eines Unternehmens ist der *Single Point of Information (SPOI)*, welcher mit konsequentem Schnittstellenmanagement und dank *Enterprise Application Integration (EAI)* erreicht werden kann. Hier werden sämtliche Kundeninformationen, die via Multichanneling generiert werden, gesammelt und zentral koordiniert. Zentral ist hier nicht physisch zu verstehen, sondern im Sinne eines einheitlichen, für alle Mitarbeiter zugänglichen Systems. Mit Hilfe eines Single Point of Information wird sichergestellt, dass der Kunde und dessen Anliegen unabhängig vom gewählten Kontaktmedium gleichwertig behandelt werden. Das konsequente Sammeln und Bearbeiten von Daten mittels *Datamining-* und *Data-Warehousing-Techniken* ermöglicht die Analyse des Kundenverhaltens und die Identifikation von wertvollen Kunden.

Dank modernster Informationstechnologien können innerbetriebliche Abläufe enorm rationalisiert werden. Zum einen müssen Kundendaten nur einmal erfasst werden, das heisst, Doppelspurigkeiten werden reduziert und zeitaufwendige Abgleichungen zwischen den Datenbanken entfallen komplett, was sich in geringeren Kosten auswirkt. Informationen stehen dort zur Verfügung, wo sie gebraucht werden.

In Abhängigkeit vom jeweiligen Bedarf bietet die Technik einem Unternehmen diverse Möglichkeiten, um CRM umzusetzen: Umfassende Datenbanken sind als Kerninstrumente anzusehen und leisten einen wichtigen Beitrag zur effizienten Datenbewirtschaftung. Sie ermöglichen die Sammlung und konsistente Aufbereitung sämtlicher Kundendaten oder liefern detaillierte Informationen zu bestimmten Produkten. Auch erleichtern sie den internen Wissenstransfer *(Knowledge-Management)* unter den Mitarbeitern in erheblichem Masse. Mit Hilfe von elektronischen Beratern via Internet können Kundenanfragen zu wenig beratungsintensiven Gütern rasch und umfassend beantwortet werden. Ticketingsysteme dienen der systematischen und gezielten Beantwortung von Kundenanfragen und ermöglichen die laufende Überprüfung des jeweiligen Status. Im Bereich *Data-Warehousing* und *Datamining* werden Informationen gezielt gesammelt und analytisch ausgewertet. Hinzu kommen spezielle, bedienerfreundliche und massgeschneiderte Benutzeroberflächen für Mitarbeiter an der Kundenfront.

Beispiel: One-to-One-Marketing bei Migros
Bei jedem Besuch eines Kunden auf dem Migros-Web-Server speichert Migros den Index der zuletzt geladenen Homepage in einem Cookie-File ab. Besucht der Kunde zu einem späteren Zeitpunkt den Server erneut, liest dieser Server das Cookie-File, wählt eine von sechs anderen Startseiten und zeigt diese dem Kunden an. Mit den Inhalten der Startseite versucht Migros in erster Linie, die Philosophie des Unternehmens zu verkaufen, nicht die Leistungen. Die Abwechslung der ständig neuen Startseiten erweckt die Neugier des Kunden und soll dessen Verweildauer auf dem Server verlängern.

Die technischen Hilfsmittel zur Unterstützung von CRM beschränken sich aber nicht alleine auf Softwareapplikationen. So spielen vor allem Telefonieanlagen eine wichtige Rolle, hier lässt sich zwischen *ACD-* und *CTI-Telefonieanlagen* unterscheiden. Je nach Anlage lässt sich gezielt auf die Fähigkeiten der Mitarbeiter zugreifen.

Teil B
Werkzeuge, Tipps und Glossar

Wie setze ich CRM praktisch um?

In diesem Teil werden konkrete praktische Massnahmen aufgezeigt, um die bisher beschriebene Theorie fassbar und vor allem umsetzbar zu machen. Für die im Kapitel «Ziele» angeschnittenen Punkte werden hier im Einzelnen unterschiedliche Möglichkeiten besprochen, um diese Ziele zu erreichen.

Bei der Umsetzung ist ausdrücklich zu beachten, dass jedes Unternehmen spezifischen CRM-Bedarf hat und deshalb nicht eine allgemein gültige Lösung anzustreben ist, sondern eine, die den konkreten Voraussetzungen angepasst ist.

5. Der CRM-Selbsttest
6. Projektmanagement – Werkzeuge und Tipps
7. Die Rolle des Beraters – Tipps für die Auswahl
8. CRM – ein umfassendes Unternehmensentwicklungsmodell
9. Glossar – CRM von A bis Z

5. Der CRM-Selbsttest

5. Der CRM-Selbsttest

Stehen die relevanten Kundeninformationen den Mitarbeitern in allen Abteilungen aktuell und transparent zur Verfügung? ☐ Ja ☐ Nein

Reagieren Sie innerhalb von 24 Stunden auf Anfragen aus dem Internet? ☐ Ja ☐ Nein

Bekommt ein Kunde innerhalb von drei Minuten einen kompetenten Mitarbeiter ans Telefon? ☐ Ja ☐ Nein

Kontrollieren Sie, wie viele Anrufe Sie in der Warteschlange verlieren? ☐ Ja ☐ Nein

Können alle Kundenanfragen erledigt werden, ohne dass der Kunde weiterverbunden werden muss? ☐ Ja ☐ Nein

Existieren für Kunden Möglichkeiten zur Interaktion mit Ihrem Unternehmen ausserhalb der Geschäftszeiten? ☐ Ja ☐ Nein

Messen Sie die Kundenzufriedenheit? ☐ Ja ☐ Nein

Betreiben Sie eine eigene Internetsite? ☐ Ja ☐ Nein

Kann der Kunde über diese Site mit dem Unternehmen in Kontakt treten? ☐ Ja ☐ Nein

Kann er darüber Produkte bestellen? ☐ Ja ☐ Nein

Setzen Sie sich Ziele zur Erreichung höherer Kundenzufriedenheitswerte? ☐ Ja ☐ Nein

Werden Kunden mit Problemen immer zufrieden gestellt? ☐ Ja ☐ Nein

Werden Ihr Call Center und Ihre Service-Mannschaft auch als Verkaufstruppe eingesetzt? ☐ Ja ☐ Nein

Hat Ihr Kunde die Möglichkeit, über verschiedene Medien mit Ihrem Unternehmen Kontakt aufzunehmen? ☐ Ja ☐ Nein

Kennen Sie die wichtigsten Ihrer Kunden persönlich? ☐ Ja ☐ Nein

Arbeiten Sie seit Jahren mehr oder weniger mit denselben Kunden zusammen? ☐ Ja ☐ Nein

Nutzen Sie mehrere Vertriebskanäle? ☐ Ja ☐ Nein

Beliefern Sie Ihre Zwischenhändler gezielt mit aktuellen Informationen und unterstützen sie beim Verkauf Ihrer Produkte? ☐ Ja ☐ Nein

Legen Sie Wert darauf, sich über Produktzusatzleistungen wie Service und Beratung von der Konkurrenz abzuheben? ☐ Ja ☐ Nein

Sind Ihre Produkte unanfällig für Fehler und bedürfen praktisch keiner Wartung? ☐ Ja ☐ Nein

Sind Ihre Produkte selbsterklärend und bedürfen praktisch keiner Beratung? ☐ Ja ☐ Nein

Ist Ihr Akquisitionsaufwand für die Gewinnung neuer Kunden sehr gering? ☐ Ja ☐ Nein

Schöpfen Sie Ihr Kundenpotenzial voll aus (Cross-Selling, Wiederholungskäufe, Customer Value etc.)? ☐ Ja ☐ Nein

Bilden Sie Ihre Mitarbeiter mit Kundenkontakt für die Begegnung mit dem Kunden gezielt aus? ☐ Ja ☐ Nein

Quelle: PIDAS

Auflösung

Wie viele Fragen mussten Sie klar mit «Nein» beantworten? Sind es mehr als fünf? Ja, dann ist CRM ein Thema für Sie. Beantworten Sie doch für sich zusätzlich die nachfolgenden Fragen zu Strategie, Mensch, Organisation und Technik.

Haben Sie weniger als fünfmal «Nein» sagen müssen? Dann machen Sie praktisch alles richtig. Damit sind Sie schon heute ein CRM-Profi. Gratulation!

Fragen zur Strategie

- Wie sehen Sie die Orientierung Ihres Unternehmens (kunden-, mitarbeiter-, kosten-, innovations-, technologieorientiert etc.)?
- Wie sind Ihre Produkte bisher positioniert? Welches ist der bestehende Marketingmix?
- Was sind die bestehenden und geplanten Kontakt- und Distributionskanäle zum Kunden? Internet, E-Mail, Brief, Fax, Telefon, persönlich (via Aussendienstmitarbeiter oder in Filiale/Firmensitz, Händlernetz)?
- Wie sieht Ihr langfristiges Business-Design aus? Was sind Ihre Visionen?

Fragen zum Menschen

- Wie sehen Sie die bestehende Kommunikationskultur, das Arbeitsklima und die Unternehmenskultur im Allgemeinen?
- Wie schätzen Sie das Potenzial Ihrer Mitarbeiter ein bezüglich Schulungs- und Entwicklungsmöglichkeiten?
- Wie gestaltet sich der Informationsfluss in Ihrem Unternehmen?
- Haben Sie eine für alle transparente Aufbau- und Ablauforganisation?
- Leben Sie eine ausgeprägte Dienstleistungsmentalität in Ihrem Unternehmen?

Fragen zur Organisation

Jede Organisation ist vom direkten Umfeld abhängig:

- Werden Kundeninformationen (Bedürfnisse, Feedback etc.) gesammelt und an andere Stellen (Finanzen, Marketing, Produktion, F&E) weitergeleitet?
- Existieren Instrumente, die einen kontinuierlichen Verbesserungsprozess gewährleisten?
- Gibt es bereits CRM-ähnliche Bestrebungen im Unternehmen?
- Wie stark sind die Prozesse auf den Kunden ausgerichtet?

Fragen zur Technik

- Welche Entwicklungsmöglichkeiten bzw. welcher Bedarf besteht bei der heutigen Kommunikations- und Informationstechnik?
- Entsprechen die Arbeitsplätze der Mitarbeiter mit Kundenkontakt dem neueren technischen Stand? Sind die Arbeitsplätze vernetzt?
- Sind die bestehenden Räumlichkeiten und deren Einrichtung den Erfordernissen angemessen? Besteht Optimierungspotenzial?
- Wo und in welcher Form sind Daten über Kunden, Produkte und Verfahren abgelegt? Existieren Redundanzen?
- Kann bei Bedarf auf bestehende Kundendaten zugegriffen werden?

6. Projektmanagement – Werkzeuge und Tipps

Die Implementierung von CRM – vier Hauptschritte

Analyse: Der erste Schritt ist massgeblich für den Erfolg eines CRM-Projektes. Kundenstrukturen, ihr bisheriges Kaufverhalten, ihre Zufriedenheit, Vorstellungen zum zukünftigen Absatz, vorhandene technische Strukturen, organisatorische Abläufe, Unternehmensprozesse, Wissens- und Kenntnisstand des Verkaufs- und Marketingpersonals müssen durchleuchtet und studiert werden, um einen möglichst sinnvollen und kosteneffizienten Ablauf des Projektes zu gewährleisten. Die Analyse soll den Bedarf für Kundenbindungsinstrumente ermitteln.

Konzeption: Das Resultat der Analyse erlaubt es, tatsächliche Massnahmen ins Auge zu fassen. Ein Projektauftrag formuliert die Leistungen und Kosten des CRM-Projektes. Es müssen auch die Ansprechpartner und die Verantwortlichen definiert werden, um eine klare Umsetzung der Ziele nicht zu gefährden.

Implementierung: In Begleitung des CRM-Beraters werden die Investitionen in die technische Ausstattung und die Ausbildung der beteiligten Mitarbeiter getätigt. Die Arbeitsabläufe werden organisiert und dokumentiert. An oberster Stelle steht eine optimierte Informationspolitik. Ein Paket aus Kommunikationsmassnahmen stellt sicher, dass die Kunden und Mitarbeiter zufriedenstellend informiert sind. Je nach Realisierungsplan eines CRM-Projektes beinhaltet der Umfang auch dessen Betrieb. Der Betrieb der Kundenschnittstelle als Geschäftsprozess kann bei günstigen infrastrukturellen und personellen Strukturen auch ausgelagert werden. Technische, organisatorische wie auch personelle Umsetzung werden vom CRM-Partner durchgeführt. Dabei liegt der Schwerpunkt im Transfer von Know-how an den Kunden, damit Ressourcen und Kapazitäten auf das Kerngeschäft konzentriert werden können.

Bewertung: Da CRM-Massnahmen langfristigen Charakter haben, werden in definierten Abständen Kontrollen eingesetzt, um zu prüfen, ob die Zielwerte erreicht sind. Benutzerumfragen wie auch Meinungsforschung tragen zu dem Gesamtbild bei. Ziel ist es, in laufende Prozesse kontinuierlich Verbesserungen einfliessen zu lassen.

Das Raster zur Projektdefinition

Ausgangslage
Beschreiben des Problemgegenstandes. Wo soll das Projekt Optimierungspotenzial realisieren?

Folgende Kriterien sind dabei zu beantworten:
1. Genaue Beschreibung der Situation
2. Wer ist davon betroffen?
3. Feststellbare Auswirkungen
   a) auf Menschen
   b) auf Organisation (Aufbau/Ablauf) und Technik
   c) auf die Ressourcen (insb. Finanzen) des Unternehmens
   d) auf die Kunden
4. Dringlichkeit und Reihenfolge der Problembehebung
5. Welche Ressourcen stehen für die Problemlösung zur Verfügung?

Projektbeschreibung
Formulierung des Grundauftrages mit einem organisatorischen und einem technischen Lösungsansatz. Welcher zukünftige Zustand soll nach der Projektrealisierung erreicht sein? Welche Schritte und Massnahmen sehen Sie, um diesen Zustand erreichen zu können? Für welche Zielgruppen (intern und extern) soll das Projekt realisiert werden?
Wie soll das Projekt umgesetzt werden? Wie sieht der Projektablauf aus? Welche Methoden/Techniken kommen zum Einsatz? Wie soll der neue Zustand eingeführt werden? Wer stellt den Betrieb sicher?

Ziele und Nutzen
Definition von Sach- und Erfolgszielen. Welche Sachziele können bezüglich Produkt/Markt, Marktstellung, Qualitätsniveaus, Führung, Aufbau- und Ablauforganisation und Mitarbeiter definiert werden? Welche Erfolgsziele (Produktivität, Wirtschaftlichkeit, Gewinn und Rentabilität) sollen erreicht werden? In welchem Zeithorizont lässt sich das Projekt realisieren?

Projektabgrenzung
Ein- und Abgrenzung des Projektes. Was ist vom Projektfokus explizit auszuschliessen? In welcher Beziehung steht das Projekt zu anderen Projekten?

Rahmenbedingungen/Restriktionen
Beschreibung der wichtigsten Einflussfaktoren. Welche internen oder externen Rahmenbedingungen müssen berücksichtigt werden?

Organisation

Aufstellung der Projektorganisation. Wer trägt die Verantwortung für den Projekterfolg? Wer ist der Auftraggeber (Sponsor)? Wer gehört zum Projektteam? Welche Rollen und Verantwortlichkeiten nehmen diese Menschen wahr?

Definition der Projektprozesse (Planung, Abstimmung, Informations- und Berichtswesen, Ausführung). Was geschieht im Falle von Abweichungen (zeitlich, finanziell, qualitativ)?

Termine

Detaillierte Planung mit Arbeitspaketen und Milestones. Was soll in den Hauptphasen Analyse, Konzeption, Entwicklung und Einführung, Betrieb und Erfolgskontrolle geschehen? Welche Arbeitspakete und Milestones sind für eine erfolgreiche Projektabwicklung erforderlich?

Budget

Definition des Kostenrahmens. Welche Anteile des Gesamtbudgets berechnen Sie für interne und welche für externe Aufwendungen?

Typische Fallen, die eine CRM-Initiative vom Erfolg abhalten

1. Ein ausschliesslich auf die Interessen der Endkunden oder auf die IT-Architektur orientierter Ansatz. Eine Abschweifung von einer gesamtheitlichen Betrachtung des Prozesses birgt Gefahren. Wenn das IT-Personal Entscheidungen trifft und aufgrund seiner technischen Versiertheit dabei nicht den Kunden im Auge behält, kann zwar ein technisch perfektes System zustande kommen, das aber für die Anliegen des Kunden unbrauchbar ist. Andersherum können Kundenwünsche und Bedürfnisse nur erfüllt werden, wenn sich die Prozesse an der technischen Infrastruktur orientieren. Eine Prozessorientierung ist an die technischen Möglichkeiten des Unternehmens gebunden.

2. Wenig Managementinitiative von höchster Ebene. Im Vergleich zu anderen Initiativen brauchen CRM-Projekte die uneingeschränkte Unterstützung der höchsten Managementebene. Ein CRM-Beauftragter muss ein Mitsprache- und Gestaltungsrecht in der Unternehmensführung innehaben. Nur so kann eine vereinheitlichte Sicht von einem Unternehmen auf den Kunden aufgebaut werden.

3. Mangel an kultureller und sozialer Vorbereitung. Ohne die beteiligten Menschen, die an der Kundenfront ihren Dienst verrichten, kann CRM nicht umgesetzt werden. Eine Kundendienstmentalität, die auf höchster Konzernebene kommuniziert und vorgelebt wird, ist Voraussetzung für den Erfolg.

4. Eine unausgewogene und funktional orientierte Projektplanung. Die meisten CRM-Projekte finden in einem lang bestehenden sozialen Umfeld mit dessen eingespielten Prozessen und Gewohnheiten statt. Deshalb müssen die Projektmanager eine globale und langfristige Sicht ihres Unternehmens anstreben, und nicht aufgrund alter Budgetzwänge aus einzelnen Funktionen werbewirksame, aber nicht nachhaltige Teilerfolge in Form von losgelösten Massnahmen realisieren.

7. Der CRM-Berater – Tipps für die Auswahl

1. Definieren Sie den Fokus der angestrebten Veränderung. Legen Sie Ihre Erwartungen und den angestrebten Nutzen klar dar. Benützen Sie dafür den Projektdefinitionsraster weiter hinten in diesem Buch.

2. Suchen Sie den Kontakt mit mindestens zwei Beratern. (Laufende Kontakte mit externen Beratern verschaffen Ihnen bereits vor einer akuten Situation interessante Impulse und vor allem die unentbehrliche Sicht von aussen. Die Wahl eines Beraters wird dadurch erleichtert.)

3. Formulieren Sie den Beratern die Problemstellung und verlangen Sie eine Offerte. Stellen Sie zusätzlich folgende Fragen: Verfügt der Berater über eine gute und der Aufgabenstellung entsprechende Ausbildung? Hat er Erfahrung im anvisierten Tätigkeitsgebiet? Sind in seinem Unternehmen die notwendigen Ressourcen vorhanden, um den Auftrag abzuwickeln? Wie ist sein methodisches Vorgehen (Projektmethodologie)? Wie steht es mit seinem Kommunikationsverhalten? Wie werden seine Moderations- und Motivationsfähigkeiten beurteilt? Ist er konfliktfähig?

4. Besprechen Sie die eingehende Offerte mit dem Berater. Entscheiden Sie sich und schenken Sie ihm dann Ihr Vertrauen. Seien Sie ehrlich mit ihm. Aufgepasst bei grossen Preisunterschieden! Wurde die Aufgabenstellung von allen Anbietern gleich verstanden? Oft beinhalten «preisgünstige» Angebote per saldo nicht die besten Lösungen! Die Honorargrösse darf niemals ein ausschlaggebendes Kriterium für eine Absage sein.

Was muss die Offerte beinhalten?
- Ausgangslage und Problemstellung
- Erwartete Ziele
- Zeitdimension
- Messgrössen
- Mögliche Alternativen oder Varianten
- Vorgehen, methodisch und inhaltlich
- Projektorganisation und Rollenzuteilung
- Projektaufwand (Anzahl Arbeitstage und Kosten)
- Hinweise zur Regelung des Beratervertrages

8. CRM – ein umfassendes Unternehmensentwicklungsmodell

Phasenmodell: Unternehmensentwicklung in Richtung Customer Relationship Management

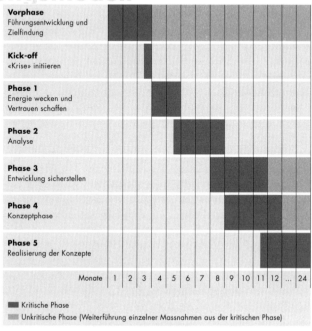

	Monate	1	2	3	4	5	6	7	8	9	10	11	12	...	24

Vorphase
Führungsentwicklung und Zielfindung

Kick-off
«Krise» initiieren

Phase 1
Energie wecken und Vertrauen schaffen

Phase 2
Analyse

Phase 3
Entwicklung sicherstellen

Phase 4
Konzeptphase

Phase 5
Realisierung der Konzepte

■ Kritische Phase
▨ Unkritische Phase (Weiterführung einzelner Massnahmen aus der kritischen Phase)

Phasen der Unternehmensentwicklung
Quelle: PIDAS

CRM ist eine Philosophie, die von allen Menschen im Unternehmen mitgetragen werden muss und deren Umsetzung unter Umständen gravierende Veränderungen in strategischen, strukturellen und kulturellen Belangen des Unternehmens mit sich bringt. Das folgende Phasenmodell beschreibt abstrahiert den Veränderungsprozess in Richtung Customer Relationship Management. Im besten Fall würde dieser Veränderungsprozess für das gesamte Unternehmen angestossen. Er kann aber auch in einem CRM-Programm für eine kundennahe Organisationseinheit zur Anwendung kommen.

Die innerhalb der Phasen aufgeführten einzelnen Massnahmen und Instrumente sind jeweils gleichzeitig zu realisieren. Für die Zuteilung der Ausführungs- und Steuerungsverantwortung an die entsprechenden Instanzen werden folgende Abkürzungen verwendet:

UL = Unternehmensleitung; BL = Bereichsleitung;
CM = CRM-Multiplikatoren; PT = Projektteam;
AT = Arbeitsteams; MA = alle Mitarbeiter; EX = externe Berater.

Vorphase

Wecken des CRM-Bewusstseins beim Management und Definition von übergeordneten Visionen, Zielen und Strategien.

Massnahmen Instrumente	Ziele	Ausführung	Steuerung
Führungscoaching	Bewusstseinsveränderung in der Führung (Veränderung der Führungskultur und des Führungsverhaltens)	UL/BL	EX
Vision und Strategie	Entwicklung einer Vision und Strategie sowie von übergeordneten Unternehmenszielen Einschwörung des gesamten Managements auf gemeinsame Ziele und Wertvorstellungen	UL/BL	EX

Kick-off: «Krise» initiieren

Beispiel: «Wir verlieren Kunden, was können wir dagegen tun?»

Massnahmen Instrumente	Ziele	Ausführung	Steuerung
Information aller Mitarbeiter	Veränderungswillen des Managements dokumentieren Menschen auf den gemeinsamen Weg einschwören	UL	UL

Phase 1: Energie wecken

Energie wecken und Vertrauen schaffen: «Unsere Kunden können wir gemeinsam besser bedienen!»

Massnahmen Instrumente	Ziele	Ausführung	Steuerung
Wahl von CRM-Multiplikatoren durch die Mitarbeiter (bspw. pro Abteilung zwei CRM-Multiplikatoren)	Vertrauen schaffen; Angst vor Veränderung abbauen; Menschen gewinnen	MA	UL
Schulung der CM (zweitägige CRM-Schulung; Thema: Wie mache ich eine Arbeitsplatz- und Prozessanalyse?)	Vermittlung des CRM-Gedankens an die Schlüsselpersonen; Befähigung der CM zur Weitervermittlung des Gedankens	EX	UL/EX
Analyse des eigenen Arbeitsplatzes und -umfeldes (Was ist gut? Was nicht? Was könnte verbessert werden, damit ich meine internen bzw. externen Kunden noch besser zufriedenstellen kann?)	Mitarbeit aller Beteiligten sicherstellen; Bereitschaft zur Mitgestaltung fördern; Potenziale der MA ausschöpfen	MA	CM
Auswerten der Verbesserungsvorschläge und Einleiten von Sofortmassnahmen	starke psychologische Effekte: MA fühlen sich ernst genommen; Management zeigt, dass den MA etwas zugetraut wird	BL/MA	UL/BL

Die Phase 1 kann auch als allgemeine Startphase bezeichnet werden. Die in dieser Zeit erzeugte Aufbruchstimmung ist entscheidend für das Gelingen des Bewusstseinswandels bei allen Beteiligten. In den ersten wenigen Wochen des CRM-Prozesses entscheidet sich, ob die Mitarbeiter «abheben».

Zur Sensibilisierung für die Thematik CRM bieten sich auch Publikationen in Hauszeitungen oder die Zirkulation von Artikeln aus der Fachpresse zum Selbststudium an. Es empfiehlt sich allerdings – vor allem bei Mitarbeitern, die relativ neu mit diesem Ansatz konfrontiert werden – derartige Massnahmen in Kombination mit Schulungen durchzuführen, um eine gewisse Orientierungshilfe zu geben.

Phase 2: Analyse

«Nur wer sein Unternehmen kennt, kann das Unternehmen beherrschen.»

Massnahmen Instrumente	Ziele	Aus-führung	Steue-rung
Analyse und Dokumentation sämtlicher Prozesse	Erreichen totaler Prozess-transparenz Aufdecken der Fehlerquellen (Doppelspurigkeiten, Liegezeiten, sinnlose Arbeiten)	CM	UL/ BL/ EX
Analyse der Kunden und der Zufriedenheit	Sammeln von Kunden-informationen Aufdecken von «gefährdeten» Kunden	CM	UL/ BL/ EX
Einleiten von Sofortmass-nahmen	Effizienzsteigerung der Abläufe (Abbau von Schnitt-stellen und Redundanzen; Verringerung von sinnlosen Arbeiten; Reduktion des Fehlerkorrekturaufwandes, Konzentration auf «wichtige» Kunden)	BL/MA	UL/BL
Bildung von teilautonomen Arbeitsgruppen mit weit-gehenden, klar zugeteilten und umrissenen Aufgaben, Kompetenzen und Verantwortung	Verflachung der Hierarchie Handlungs- und Entschei-dungskompetenz an die Basis Förderung der Interdisziplinarität Erhöhung der Dienst-leistungsmentalität	UL/MA	UL/EX

Zufriedenheitsmessungen

Derartige Messungen dienen bei einmaliger Anwendung als Stand-ortbestimmung und – wenn die Messungen regelmässig durchge-führt werden – als Vergleichsmassstab mit bisherigen Ergebnissen. Sie können sowohl bei Kunden wie auch bei Mitarbeitern durch-geführt werden und dies anhand von objektiven oder aber von sub-jektiven Beurteilungskriterien.

Bei allen Formen der Zufriedenheitsmessungen müssen bestimmte Kriterien erfüllt sein, um valide (gültige) Ergebnisse zu erzielen. Dies sind folgende sechs Gütekriterien: Relevanz der erhobenen Daten, Vollständigkeit, Aktualität, Eindeutigkeit, Steuerbarkeit (Liefern die Ergebnisse gezielte Ansatzpunkte für eine Qualitätsverbesserung?) und Kosten (Rechtfertigen die Ergebnisse den finanziellen und personellen Aufwand, der mit der Messung verbunden ist?).

Methode	Beschreibung	Kritik
«Objektive» Methoden		
SERVQUAL-Ansatz	Vergleich zwischen erwarteter und tatsächlich erlebter Leistung anhand von 22 verschiedenen Qualitätsdimensionen für Dienstleistungen. Die einzelnen Items werden jeweils auf einer 7-stufigen Skala («stimme ich völlig zu» bis «lehne ich entschieden ab») bewertet.	Problem: die relevanten Attribute zu ermitteln und auszuwählen.
Penalty-Reward-Methode	Penalty-Faktoren sind Muss-Faktoren, deren Erfüllung nicht zur Zufriedenheit beiträgt, deren Nicht-Erfüllung aber Unzufriedenheit zur Folge hat. Reward-Faktoren hingegen sind Kann-Faktoren, für die es sich gerade umgekehrt verhält, die also im negativen Fall keine Unzufriedenheit auslösen, im positiven aber Zufriedenheit bewirken.	Problem: die relevanten Attribute zu ermitteln und auszuwählen.
Beschwerde-messung	Aktuelle und relevante Probleme werden von den Kunden direkt an das Unternehmen gerichtet.	Schwierigkeit, Kunden zur Beschwerde zu animieren, da sich die Mehrheit abwendet, ohne zu reklamieren («Unvoiced complainers»).
Critical-Incident-Technik	Definition von kritischen oder Schlüsselereignissen eines Interaktionsprozesses, die von den Kunden als besonders positiv oder negativ empfunden werden.	Grosser Aufwand zur Evaluierung derartiger Ereignisse.

Methode	Beschreibung	Kritik
Qualitätsaudits	Bewertung durch unabhängige Dritte. Statt der Qualität an sich werden Prozesse, Strukturen und Ziele eines Unternehmens als Grundlage für Qualität untersucht.	

«Subjektive» Methoden

Methode	Beschreibung	Kritik
Mitarbeiter-befragung	Regelmässig stattfindende Befragungen derjenigen Mitarbeiter, die im täglichen Kundenkontakt stehen und die über aktuelle Informationen von Kundenseite verfügen.	Gute Methode, aber oft sehr zeitaufwendig. Falls standardisierte Befragung, ist der Informationsgehalt entsprechend geringer.
Betriebliches Vorschlagswesen	Verbesserungsvorschläge der Mitarbeiter.	
Gap-Modell	Messung der Dienstleistungsqualität durch die Beschreibung von Lücken (Gaps), die zwischen den Kundenerwartungen und der tatsächlich wahrgenommenen Leistung resultieren.	Vor allem für Finanzdienstleistungen entwickelt. Gültigkeit für andere Bereiche unsicher.
Zweistufige Messverfahren	Messung der Zufriedenheitsausprägung eines bestimmten Kriteriums auf einer Skala (z.B. von 1 bis 6, «sehr unzufrieden» bis «sehr zufrieden») einerseits. Auf einer weiteren Skala wird anschliessend die Wichtigkeit dieses Kriteriums angegeben.	Trotz des hohen Aufwandes zur Erstellung einer derartigen Zufriedenheitsmessung ist diese Methode sehr empfehlenswert.

Objektive und subjektive Qualitätsmessmethoden
Quelle: nach Meffert, Heribert/Bruhn, Manfred; Dienstleistungsmarketing

Abschliessend betrachtet, gibt es eine Vielzahl von guten Messverfahren, mit denen die Qualität einer Dienstleistung resp. die dadurch erreichte Zufriedenheit gemessen werden kann. Hierbei gilt es für jedes Unternehmen die für die aktuelle Situation am besten geeignete Methode auszuwählen.

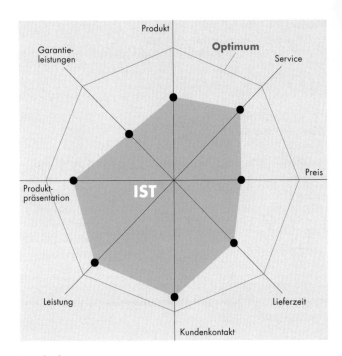

Kundenbarometer
Quelle: PIDAS

Anhand von Kundenbefragungen werden subjektive Zufrieden-
heitsausprägungen zu verschiedenen Leistungsmerkmalen (Produkt, Service, Preis etc.) ermittelt und in einer Netzgrafik festgehalten. Die Grenzpunkte widerspiegeln die Zufriedenheit der Kunden bezüglich der einzelnen Merkmale – je weiter sie vom Zentrum
entfernt liegen, desto positiver wird ein Merkmal beurteilt. Die
durch die Verbindung der Grenzpunkte entstehende Fläche zeigt
die Gesamtzufriedenheit mit der angebotenen Leistung auf.

Phase 3: Entwicklung sicherstellen

«Wir wollen, dass sich jeder Mitarbeiter mit seinem Team stärker auf interne und externe Kunden konzentriert, vielseitiger wird, den Blick fürs Ganze bekommt und die Probleme seiner Kollegen kennt.»

Massnahmen Instrumente	Ziele	Aus-führung	Steue-rung
Ausbildung für Mitarbeiter und Teams	Entwicklung der Arbeitsteams zu effizienten Arbeitsgruppen. Jedes Arbeitsteam ist fähig, alle Prozesse zu beherrschen. Jeder Mitarbeiter kennt den Gesamtprozess und die Probleme und Bedürfnisse des Kunden, des Unternehmens und seiner Kollegen. Fachliche, methodische und soziale Kompetenzen werden gezielt gefördert (Bsp. Schulung im Bereich Konflikt- und Stressbewälti-gung, Telefonmarketing, Begeg-nung mit dem Kunden etc.).	AT	UL/EX
Einrichten eines Q-Zirkels	Kommunikation innerhalb und unterhalb der Teams sicherstellen. Ideen und Verbesserungs-vorschläge gewinnen.	AT	UL

Meistens reichen Zufriedenheitsmessungen alleine noch nicht, um bei den betroffenen Mitarbeitern und vor allem beim Management die notwendigen Reaktionen zu provozieren und die Sensibilisie-rung für die Qualitätsthematik zu erreichen. Zu diesem Zweck eig-nen sich Schulungen und Workshops besonders. An derartigen An-lässen können sich die Mitarbeiter aktiv mit der Thematik auseinander setzen, eigene Ideen entwickeln und Erfahrungen mit anderen Mitarbeitern austauschen. Dabei kann der «CRM-Bewusst-seinsprozess» in Gang gesetzt werden. Allerdings müssen die Mitarbeiter zugleich auch Methoden lernen, die ihnen helfen, diese Ideen in der Praxis auch umzusetzen. Sehr oft sind technische Hilfsmittel in diesem Fall geeignet.

Phase 4: Konzeptphase

«Die bis anhin gemachten Erkenntnisse und Erfahrungen sollen in konkrete Projekte einfliessen.»

Massnahmen Instrumente	Ziele	Ausführung	Steuerung
Bildung von interdisziplinären und überfunktionalen Projektteams	Voraussetzung für eine breite Akzeptanz der Konzepte	MA	UL/EX
Start der Projekte: Beispiele: Eröffnung und Nutzung neuer Distributions- und Kommunikationskanäle für Kunden Unterstützung wichtiger Prozesse mit Informatik Etablierung von Service-Centern mit internem und externem Fokus Einführung von Informationssystemen (MIS, Knowledge Management, Sales Force Automation etc.) Projekte im Bereich der Führung, des HRM, der Arbeitsplatzgestaltung etc.	Gestaltung des Unternehmens von morgen. Anmerkung: Hier können einzelne Projekte zusätzlich priorisiert oder zurückgestellt werden. Die vorgezogene Realisierung von Teilprojekten in Form von Pilotprojekten reduziert die negativen Auswirkungen eines Misserfolgs und liefert wichtige Informationen und Erfahrungen für die Folgeprojekte.	MA/ BL/ UL	UL/ EX
Ständige totale Information aller Mitarbeiter über den Stand der Projekte und die Realisierung einzelner Teilprojekte	Interesse der Mitarbeiter am Veränderungsprozess halten. Beteiligung aller Mitarbeiter an sämtlichen Projekten gewährleisten.	PT	UL

Jedes Konzept ist die Planung einer Veränderung und Veränderungen müssen immer auf einer sorgfältigen Analyse der Ist-Situation basieren. Generell gilt folgendes Vorgehen: Analyse > Planung > Umsetzung > Betrieb > Erfolgskontrolle. Um eine ganzheitliche Sichtweise der Problemstellung und anschliessend einen möglichst reibungslosen Betrieb zu garantieren, empfiehlt es sich, zumindest für die ersten drei Schritte bis zur Umsetzung, eine externe Beraterfirma beizuziehen, die bereits Erfahrung in der Gestaltung von CRM-Projekten gesammelt hat.

Bei der Konzeptionierung ist immer zu bedenken, die geeignetsten und effizientesten Prozesse aufgrund der wahrzunehmenden Aufgaben zu definieren. Erst wenn die Prozesse festgelegt sind, ist die entsprechende Aufbauorganisation zu wählen. Dadurch wird vermieden, dass bereits im Voraus Einschränkungen bei der Organisationsgestaltung vorgenommen werden. Die *Aufbauorganisation* folgt der *Ablauforganisation*!

Unabhängig von der jeweiligen organisatorischen Lösung sind immer auch die Schnittstellen zu anderen Bereichen einzubeziehen und – wo nötig – *Service Level Agreements* zu definieren.

Phase 5: Realisierung der Konzepte

In dieser Phase hat der Veränderungsprozess einen hohen Grad an Eigendynamik erreicht. Die *Führung* des Veränderungsprozesses bedingt nun eine bewusste und effektive, aber gleichzeitig subtile Steuerung. Je klarer die Ziele und das Bild des Managements vom Ergebnis der Veränderung zu Beginn des Prozesses sind, umso effizienter können die eigendynamischen Kräfte in die gewünschte Richtung gelenkt werden.

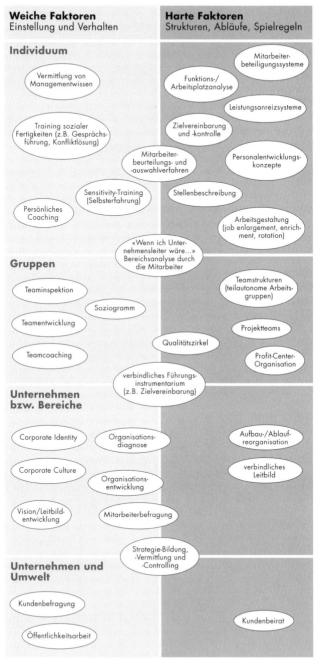

Übersicht der Instrumente der Unternehmensentwicklung
Quelle: nach Doppler, Klaus/Lauterburg, Christoph; Change Management;
Campus Verlag; 1996

9. Glossar – CRM von A bis Z

Ablauforganisation: Gestaltung von Prozessen, wie die verschiedenen Aufgaben innerhalb eines Unternehmens wahrzunehmen und auszuführen sind, das heisst Festlegung von Prozessschritten und deren Aufteilung auf die einzelnen Bereiche der Aufbauorganisation (Abteilungen und Funktionen).
[Vgl. *«Aufbauorganisation»*]

ACD – Automatic Call Distribution: Die automatische Anrufverteilung ist eine Telekommunikationstechnik für Call Center. Sie bietet dem Anwender die Möglichkeit, eingehende Gespräche nach vorher definierten Kriterien automatisch auf die zur Verfügung stehenden Servicemitarbeiter zu verteilen. Die Verteilung der Gespräche kann z.B. anhand der fachlichen Qualifikation oder aufgrund anderer Fähigkeiten wie Sprachkenntnissen erfolgen. Zudem können die Anrufer bei hoher Auslastung zur Pufferung vorübergehend in Wartefeldern platziert werden.
[Vgl. *«CTI – Computer Telephone Integration»*]

Agent Work Space: Einheitliche Benutzeroberfläche für Call-Center-Agents, die sämtliche verwendeten Softwaretools (Knowledge-Datenbanken, Telefonieapplikationen, textbasierte Kommunikationssysteme und spezielle, unternehmensinterne Software) integriert und bedienungsfreundlich darstellt, um die Arbeit der Call-Center-Agents zu vereinfachen.

Arbeitsgestaltung: Inhaltliche Festlegung der zu erledigenden Aufgaben und Tätigkeiten für eine bestimmte Stelle, in Abhängigkeit der übergeordneten Unternehmensziele und der zu erfüllenden Funktion. Bei der Arbeitsgestaltung zu berücksichtigen sind sowohl die technischen Rahmenbedingungen wie auch die Einbindung des einzelnen Arbeitsplatzes in das direkte soziale Umfeld.
[Vgl. *«Arbeitsplatzgestaltung»*]

Arbeitsplatzgestaltung: Schaffung von Arbeitsräumen, die die Anforderungen der Mitarbeiter punkto Funktionalität, Benutzerfreundlichkeit, Sicherheit und sozialen Kontakt bestmöglich erfüllen. Dies beinhaltet Kriterien wie Raumgrösse, Mobiliar, technische Hilfsmittel, Beleuchtung, Anzahl Mitarbeiter etc. [Vgl. *«Ergonomie»*]

Aufbauorganisation: Organisationsstruktur, die die relevanten Unternehmensfunktionen resp. die dafür verantwortlichen Abteilungen definiert und diese miteinander in Verbindung setzt. Dadurch wird jedem einzelnen Mitarbeiter eine Position innerhalb des Unternehmens zugeordnet. Grafisch wird die Aufbauorganisation sehr oft in einem Organigramm dargestellt. [Vgl. *«Ablauforganisation»*]

Auktion: Unter Auktion wird die Verkaufsform, die in Internet-Portalen angewendet wird, verstanden. Es wird zwischen Forward-Auktion, Reverse-Auktion und Additiv-Auktion unterschieden. Bei der Forward-A. offerieren mehrere Firmen auf eine spezifische Kundenanfrage, und der Günstigste und Beste erhält den Zuschlag. Reverse-A. sind Auktionen im engeren Sinne, d.h. ein quantitativ begrenztes Gut wird mehreren Konsumenten gleichzeitig offeriert, und derjenige, der am meisten dafür zu zahlen bereit ist, erhält das Gut zum von ihm gebotenen Preis. Bei der Additiv-A. schliessen sich mehrere Abnehmer zu einer Gruppe zusammen, um gemeinsam bessere Konditionen zu erzielen. [Vgl. *«Portal»*]

Ausbildung: Befähigung der Mitarbeiter auf fachlicher und persönlicher Ebene, damit diese ihre Aufgaben optimal erfüllen können. Dies umfasst einerseits die kompetente Nutzung der zur Verfügung stehenden Infrastruktur und andererseits die Sensibilisierung der Mitarbeiter, Kundenbedürfnisse rasch zu erkennen und entsprechend darauf einzugehen. Als Ausbildungsmassnahmen kommen unter anderen On-the-job-Trainings, interne und externe Schulungen und Kurse sowie Coachingprogramme in Frage.

Benchmarking: Die Zielfestlegung eines Unternehmens orientiert sich an den Leistungen von erfolgreichen Marktführern unterschiedlichster Branchen, um deren Lösungsansätze für das eigene Unternehmen zu adaptieren. Da CRM ein fortlaufender Prozess ist, müssen die Zielvorgaben regelmässig überprüft und den neusten Entwicklungen auf dem Markt angepasst werden.

Beziehungsmarketing: Aufbau einer gegenseitigen, langfristigen und für alle Seiten vorteilhaften Beziehung zwischen einem Unternehmen und dessen Anspruchsgruppen. Dies wird erreicht, indem den jeweiligen Austauschpartnern beständig, rechtzeitig und zuverlässig qualitativ hochwertige Leistungen erbracht werden, jeweils in Verbindung mit erstklassigem Service und zwar immer zu einem der Leistung angemessenen Preis.

Business-to-Business: Gesamtheit aller Marketingaktivitäten für Produkte und Dienstleistungen, deren Nachfrager andere Unternehmen bzw. Institutionen sind. In der Regel handelt es sich bei den angebotenen Leistungen um Investitionsgüter und investive Dienstleistungen. Die Anbieter-Nachfrager-Beziehungen sind jeweils durch einen Direktkontakt charakterisiert.

Business-to-Customer: Gesamtheit aller Marketingaktivitäten für Produkte und Dienstleistungen, deren Nachfrager Konsumenten resp. Endbenutzer der Leistung sind. Hierbei handelt es sich um Konsumgüter resp. konsumptive Dienstleistungen. Die Anbieter-Nachfrager-Beziehungen sind in der Regel durch anonyme Massenmärkte mit direktem Vertrieb durch den Hersteller oder durch Handelsbetriebe gekennzeichnet.

Buying Cycle: Jeder Kaufprozess lässt sich idealtypisch in vier Phasen gliedern: Anregungs-, Evaluations-, Kauf- und Nachkaufsphase. In der Anregungsphase ist der Kunde erst einmal daran interessiert, generelle Informationen zu einem Produkt zu sammeln, um sich ein Basiswissen anzueignen. Um nun die Auswahl stärker einzugrenzen, konzentriert sich der Kunde dann im Rahmen der Evaluationsphase auf einige wenige Produkte, zu denen er sich detaillierter beraten lässt. Aufgrund der erhaltenen Produktinformationen und der jeweiligen Einstellung entscheidet er sich zum Kauf. Anschliessend an den Kauf, d. h. während und nach der Nutzung des gekauften Produktes, erwartet der Kunde eine stetige und kompetente Betreuung durch das Unternehmen. Zur Förderung einer langfristigen und vertrauensvollen Kundenbeziehung ist für ein Unternehmen deshalb vor allem die Nachkaufsphase von entscheidender Bedeutung.

Call Center: Zentrale Anlaufstelle zur direkten und effizienten Bearbeitung von telefonischen Kundenanliegen. Bestellungen, Produktauskünfte oder Beschwerden können rasch und qualitativ hoch stehend von einem einzelnen Mitarbeiter bearbeitet werden. Problem eines Call Centers ist es hingegen, dass nur ein bestimmtes Medium genutzt wird, während weitere Kontaktmöglichkeiten unberücksichtigt bleiben. [Vgl. *«CCC – Customer Care Center»*]

Category Teams: Teilautonome Arbeitsgruppen, die ein bestimmtes Produkt oder eine Produktegruppe umfassend betreuen und funktionsübergreifende Aufgaben (Entwicklung, Beschaffung, Marketing, Verkauf, Kundendienst etc.) wahrnehmen.

CCC – Customer Care Center: Zentrale Koordinationsstelle für alle eingehenden Kundenanliegen (Inbound-Aspekt), unabhängig vom jeweils gewählten Kontaktmedium. Mit Hilfe technischer Unterstützung (Telefonieanlagen, Datenbanken, Ticketing-Systeme etc.) verfügen die CCC-Mitarbeiter über die notwendigen Instrumente, um jederzeit rasch und kompetent Auskunft geben zu können. [Vgl. *«CIC – Customer Interaction Center»* resp. *«Single Point of Contact»* resp. *«Multichanneling»*]

Change Leadership: Befähigung und Begleitung der Mitarbeiter, um mit Wandel umzugehen. Mit Hilfe von Workshops, Teamentwicklungsseminaren u.a. werden die Mitarbeiter durch die schwierige Phase von Veränderungsprozessen geführt.

CIC – Customer Interaction Center: Erweiterung des CCC, indem alle Interaktionen zwischen Unternehmen und Kunde abgedeckt werden, also zusätzlich zum Inbound- auch der Outbound-Aspekt, wie z. B. Verkauf.
[Vgl. *«CCC – Customer Care Center»*]

Corporate Identity: Gesamtheit aller Merkmale, die ein Unternehmen einmalig erscheinen lassen und dieses von der Konkurrenz abgrenzen. Entscheidend ist es, ein einheitliches Erscheinungsbild des Unternehmens gegen aussen zu vermitteln. Die einzelnen Massnahmen müssen deshalb sorgfältig aufeinander abgestimmt sein und von allen Mitarbeitern gleichermassen gelebt werden.

CRM – Customer Relationship Management: CRM ist die strategische, aktive und umfassende Gestaltung von Kundenbeziehungen, unter Berücksichtigung eines wohlausgewogenen Zusammenspiels der drei Faktoren Mensch, Organisation und Technik, innerhalb eines vorgegebenen Rahmens. Dieser Rahmen wird durch die externen Einflussgrössen Markt, vorhandene Technologien, allgemeine Umwelt und verfügbare Ressourcen bestimmt.

CRM-Software: Informatiklösungen zur Integration aller Informationen aus den Bereichen Marketing, Verkauf, Kundendienst etc. zur optimalen Kundenbetreuung. Dies beinhaltet die konsequente Sammlung, Aufbereitung und rasche, benutzerfreundliche Bereitstellung der relevanten Kundendaten für alle Beteiligten.

Cross-Selling: Ausdehnung des Kaufvolumens eines Kunden beim gleichen Anbieter durch den Erwerb von Zusatzleistungen.

CTI – Computer Telephone Integration: Als Bindeglied zwischen Sprache und Daten benutzt CTI die Schnittstellen von Telekommunikations- und Computersystemen, um Kommandos und Informationen via zentralen Server gegenseitig auszutauschen. Damit stellt CTI für Call Centers eine ideale Ergänzung zu ACD-Anlagen dar. Um sicherzustellen, dass die entsprechenden Einheiten auch miteinander kommunizieren können, existieren einheitliche Kommunikationsstandards, so genannte «Protokolle».

Customer Touch Points: Möglichkeiten, die ein Unternehmen hat, um mit den Kunden in Kontakt zu treten, resp. umgekehrt. Es sind dies vor allem Telefon, Briefe, Fax, Internet, E-Mail und persönlicher Kontakt. [Vgl. «*Multichanneling*»]

Customer Value: [Vgl. «*Kundenwert*»]

Data-Mining: Unterstützung strategischer Entscheide durch die effiziente Nutzung statistischer Software zur Durchforstung und Aufbereitung relevanter Informationen aus bestehenden Datenmengen. Ziel von Data-Mining ist es, eine bessere Zugänglichkeit zu den notwendigen Daten sicherzustellen resp. die Daten benutzerfreundlich aufzubereiten.

Data-Warehousing: Erfassung, Aufbereitung (Transformation, Konsolidierung, Filterung etc.) und Analyse von Kundeninformationen mit Hilfe elektronischer Datenbanksysteme. Als Grundregel gelten folgende drei Schritte:
1. Keine Handlung ohne Sammeln von Daten
2. Kein Sammeln von Daten ohne Auswertung
3. Keine Auswertung ohne Entscheidung

Dienstleistungsmarketing: Da Dienstleistungen einen hohen Individualisierungsgrad aufweisen, sind für das Dienstleistungsmarketing einige Besonderheiten gegenüber dem herkömmlichen Produktmarketing speziell hervorzuheben:
- Dienstleistungen sind immateriell, damit nicht lager- und transportfähig und häufig nicht direkt sichtbar. Die Erbringung und die Inanspruchnahme einer Dienstleistung erfolgen meist synchron.
- Kunden sind aktiv an der Leistungserstellung beteiligt (Einbezug des externen Faktors).
- Kommunikation ist ein expliziter Bestandteil der Dienstleistungserstellung.
- Deshalb sind entsprechende Massnahmen zur Qualifikation, Schulung und Motivation der Mitarbeiter besonders wichtig.
- Mund-zu-Mund-Kommunikation ist eine wichtige Determinante bei der Wahl des Dienstleisters.

Direktmarketing: Das Direktmarketing umfasst sämtliche Kommunikationsmassnahmen, die darauf ausgerichtet sind, durch eine gezielte Einzelansprache einen direkten Kontakt zum Adressaten herzustellen und einen unmittelbaren, individuellen Dialog zu initiieren.

Diversifikation: Bestreben, durch Erschliessung neuer Märkte Wachstumsmöglichkeiten zu nutzen und das Unternehmensrisiko auf weitere Leistungsbereiche zu verteilen. Es wird zwischen horizontaler (gleiche Wirtschaftsstufe, z.B. unterschiedliche Modelle von Automobilen), vertikaler (Integration vor- oder nachgelagerter Wirtschaftsstufen, z.B. eigene Reifenproduktion durch Automobilhersteller) und lateraler Diversifikation (kein direkter Zusammenhang mit dem bisherigen Leistungsangebot, z. B. Automobilhersteller stellt Musikanlagen her) unterschieden.

EAI – Enterprise Application Integration: Unternehmensweite Verknüpfung verschiedenster Softwareapplikationen über heterogene Betriebssysteme hinweg, zur Sicherung und Unterstützung durchgängiger Geschäftsprozesse. EAI-Applikationen sind multiplattformfähig und unterstützen mehrere Programmiersprachen. Die zu integrierenden Softwareapplikationen werden jeweils über eine einzige Schnittstelle an die bestehende Infrastruktur angebunden.

E-Commerce: Die Verlagerung und Erweiterung des Marktplatzes in das Internet. Zurzeit investieren viele Firmen massiv in ihre Internetpräsenz, während sich der Umsatz an Produkten und Dienstleistungen im Internet noch eher bescheiden ausgibt. Gemäss Prognose wird dem E-Commerce in einigen Jahren allerdings eine herausragende Bedeutung zugesprochen.
Es lassen sich vier verschiedene Intensivierungsstufen des E-Commerce unterscheiden:
1. Lediglich Produktpräsentation/Werbung via Internet
2. Elektronische Berater, die einen gegenseitigen Dialog ermöglichen (z.B. Anfragen zu Produkteigenschaften)
3. Gewährleistung von Transaktionen/Kauf via Internet (eigentlicher E-Commerce)
4. Vollständige Integration des Internets in den Entwicklungs- und Leistungserstellungsprozess

EDI – Electronic Data Interchange: Automatischer Austausch von standardisierten Geschäftsdaten zwischen miteinander vernetzten Computern ohne jegliche menschliche Intervention. EDI wird z.B. in Verbindung mit der Scannertechnologie im Detailhandel genutzt. [Vgl. *«Business-to-Business»*]

Electronic Customer Care: Das Bereitstellen von elektronischen Beratungsleistungen für den Kunden, vor allem via Internet. Die grosse Mehrheit von Kundenanfragen kann mit Hilfe sinnvoller Datenbankstrukturen und benutzerfreundlicher Abfragemechanismen bereits abschliessend erledigt werden. Tiefer gehende und damit auch kostspieligere Direktberatungen zwischen Kundenberater und Kunde werden reduziert und auf wirklich komplexe Sachverhalte konzentriert. Denn bei Bedarf kann mittels einer «Call-me»-Funktion Kontakt mit einem Kundenberater aufgenommen werden.

Empowerment: Ermächtigung der Mitarbeiter, Verantwortung für die von ihnen erbrachte Leistung zu übernehmen. Dementsprechend müssen die Mitarbeiter auch über die notwendigen Kompetenzen verfügen, um die von ihnen wahrgenommenen Aufgaben den Kundenwünschen entsprechend erfüllen zu können.

Ergonomie: Wissenschaft der körperlichen Leistungsfähigkeit des Menschen in seiner Arbeitsumgebung und Optimierung der Arbeitsgeräte, der Beleuchtung und der Immissionen entsprechend seinen Bedingungen.

ERP – Enterprise Resource Planning: ERP-Systeme dienen dazu, den Einsatz der finanziellen und personellen Ressourcen eines Unternehmens effizient zu planen. Mit Hilfe von ERP-Software, die jeweils aus mehreren verschiedenen Applikationen besteht, können die Prozesse der Produktions- und Finanzplanung, des Bestell- und Verkaufswesens, der Vertriebslogistik sowie der Qualitätskontrolle automatisiert und abteilungsübergreifend optimiert werden. Dies erfordert die Anpassung der internen Prozesse.

Feedback: «Rückkoppelung» innerhalb eines Informationsaustauschs vom Empfänger zurück an den Sender mit dem Ziel, entweder die erhaltene Information zu bestätigen oder neue Anregungen resp. Verbesserungsvorschläge in den Entscheidungsprozess einzubringen.

Führung: Lenkung einer Gruppe von Mitarbeitern, um ein gemeinsames Ziel zu erreichen. Führung hat zum Ziel, die Eigenverantwortlichkeit der Mitarbeiter zu fördern. Es gibt keinen allgemein gültigen «besten Führungsstil», denn Führung ist immer abhängig von der jeweiligen Situation, der Art der Aufgabe und dem Verständnis der Betroffenen, wie sie selbst geführt werden wollen.

Inbound-Call: Eingehende Telefonanrufe von Kunden an das Unternehmen für Anfragen, Bestellungen, Beschwerden etc.

Informationsdilemma: Unvermeidliche Diskrepanz zwischen den Kosten, der Qualität und dem Beschaffungszeitraum von Informationen. Informationen müssen zwar immer möglichst rasch verfügbar sein, aber man benötigt jeweils viel Zeit, um an gute und detaillierte Informationen zu gelangen. Zudem ergibt sich ein Informationsdilemma, weil der Nutzen der Information oft erst einzuschätzen ist, wenn man bereits darüber verfügt und damit die Beschaffungskosten schon ausgegeben sind.

Integrierte Kommunikation: Prozess der Planung und Organisation, der darauf ausgerichtet ist, aus den differenzierten Quellen der internen und externen Kommunikation ein für die Kunden konsistentes Erscheinungsbild über das Unternehmen zu vermitteln. Die Integration der Kommunikationsaktivitäten soll Synergiewirkungen schaffen, nach dem Motto «Das Ganze ist mehr als die Summe seiner Teile». Es kann zwischen inhaltlicher, formaler und zeitlicher Integration unterschieden werden.

Internes Marketing: Systematische Optimierung unternehmensinterner Prozesse mit Instrumenten des Marketing- und Personalmanagements, um durch eine konsequente und gleichzeitige Kunden- und Mitarbeiterorientierung das Marketing als interne Denkhaltung durchzusetzen, damit die marktgerichteten Unternehmensziele effizient erreicht werden.

IVR – Interactive Voice Response: Sprachverarbeitungssysteme, die einen interaktiven Dialog zwischen Mensch und Maschine ermöglichen. Diese Systeme übernehmen die zielsichere Führung der Anrufer oder qualifizieren Gespräche. Der Anrufer kann entweder durch seine Telefontastatur oder per Sprache die Eingaben zur Steuerung vornehmen.

Just-in-time: Minimierung von Lagerkosten, indem die für die Produktion notwendigen Roh-, Hilfs- und Betriebsstoffe genau zu dem Zeitpunkt angeliefert werden, zu dem sie auch benötigt werden. Die Überlegungen aus der Güterproduktion können in gleicher Weise auf den Transportbereich und die Logistik übertragen werden.

Key-Account-Management: Spezifische Bearbeitung ausgewählter Kunden- resp. Handelsgruppen. Der Key-Account-Manager ist verantwortlich für Planung und Durchführung der handelsgerichteten Marketingkonzeption des Herstellers.

Kompetenzkongruenz: Die verschiedenen Kompetenzen (Handlungs-, Entscheidungs-, Finanz-, Führungs- und Sozialkompetenz) müssen auf eine bestimmte Funktion zugeschnitten sein und gegenseitig aufeinander abgestimmt werden.

Knowledge-Management: «Elektronisches Gedächtnis» eines Unternehmens, unabhängig von den jeweiligen Mitarbeitern. Es handelt sich um gespeichertes Wissen, um die bisher gemachten Erfahrungen möglichst allen anderen Mitarbeitern zugänglich zu machen. Die so erreichte Informationstransparenz ist die Grundlage für eine einheitliche und rasche Aufgabenerfüllung mit dem Ziel, den Kundenbedürfnissen optimal zu entsprechen.

Konsumentenverhalten: Das Kaufverhalten der Konsumenten wird von Umwelt- und psychologischen Faktoren beeinflusst. Die persönliche Meinungsbildung und damit die Kaufentscheidung verändern sich im Laufe der Zeit aufgrund dieser Einflussfaktoren. Hierbei handelt es sich um bisherige Erfahrungen mit allen dazugehörenden emotionalen Effekten, zudem um Wirkungen des sozialen Einflusses in der Familie oder in Gruppen und vor allem auch um Werbewirkungen der diversen Medien.

Kundenbindung: Aufbau von faktischen und psychologischen Barrieren, um das Abwandern von Kunden zu verhindern. Langfristige Beziehungsgestaltung zwecks regelmässigen Wiederkaufs. Kundenbindung hat für ein Unternehmen einen direkten Einfluss auf ökonomische Zielgrössen. Einerseits steigt der Umsatz pro Kunde, indem die Kauffrequenz erhöht wird und Cross-Selling-respektive Up-Selling-Potenziale genutzt werden können. Andererseits sinken die Kundenbetreuungskosten. Dies führt zu höheren Deckungsbeiträgen je Kunde und damit zu mehr Gewinn.

Kundenhistorie: Speicherung und benutzerfreundliche Aufbereitung aller bisherigen Kontakte zwischen dem Unternehmen und einem Kunden, um daraus Rückschlüsse auf die Beziehungsqualität abzuleiten. Anhand der Kundenhistorie sollten Kundenberater jederzeit wissen, welche Produkte der Kunde bevorzugt, wie oft und mit Hilfe welcher Medien er mit dem Unternehmen Kontakt aufnimmt, ob er häufig Beschwerden anbringt und vor allem welche Pendenzen zurzeit gerade offen sind und wie deren Status ist. Dadurch sind sie auch in der Lage, jedem Kunden kompetente und seinen Bedürfnissen entsprechende Antworten zu geben.

Kundenidentifikation: Frühzeitiges Erkennen von Kunden mit einem hohen Kaufpotenzial, um sie mit Hilfe einer gezielten Ansprache für das Unternehmen gewinnen zu können.

Kundenportfolio: Zusammensetzung der gesamten Kundenstruktur aus verschiedenen Kundengruppen, gemessen an bestimmten Identifikationsmerkmalen. Je ausgeglichener und breiter abgestützt ein Kundenportfolio ist, desto stabiler und sicherer ist die Lage für das Unternehmen hinsichtlich der zukünftigen Absatzchancen.

Kundenservice: Gesamtheit aller Massnahmen, die die Inanspruchnahme und die Nutzung von Unternehmensleistungen erleichtern, und zwar vor, während und nach der Nutzung.

Kundenwert: Diskontierter Gewinn, den ein Kunde im durchschnittlichen Verlauf einer Kundenbeziehung erzeugt.

Kundenzufriedenheit: Ergebnis eines Bewertungsprozesses, bei dem die Erwartungen an eine Leistung mit dem subjektiv wahrgenommenen Leistungsergebnis verglichen werden. Wird die tatsächlich erbrachte Leistung niedriger bewertet als die Erwartung daran, ist der Kunde unzufrieden, ist die Leistung jedoch mindestens gleich hoch oder gar höher, ist der Kunde zufrieden gestellt.

Kundenzufriedenheitsbarometer: Regelmässige Messung der Kundenzufriedenheit anhand mehrerer vorab festgelegter Qualitätsdimensionen und grafische Darstellung der Ergebnisse zu periodischen Vergleichszwecken, mit dem Ziel der permanenten Leistungsverbesserung.

Lean Service: Anwendung des Konzeptes der Lean Production auf den Dienstleistungssektor, mit dem Ziel, eine Dienstleistungsqualität mit hohem Standard zu gewährleisten und die konsequente Kundenorientierung sicherzustellen, und alles bei niedrigstmöglichem Aufwand. Dies erfordert eine schlanke Organisation, die sich konsequent um den Primärprozess der Leistungserbringung aufbaut.

Marktforschung: Die Marktforschung beschäftigt sich mit Tatbeständen der Gegenwart, das heisst der Suche nach marktrelevanten Informationen im Rahmen der Marketingsituationsanalyse. Dabei gilt es, bestimmten (Mindest-)Anforderungen an Marktforschungsinformationen hinsichtlich der folgenden sieben Dimensionen Vollständigkeit, Relevanz, Zuverlässigkeit (Reliabilität), Gültigkeit (Validität), Aktualität, Wirtschaftlichkeit und Rechtzeitigkeit zu genügen.

Mass-Customization: Flexible Angebotsgestaltung von Massengütern, indem die jeweiligen Produkte und Dienstleistungen in mehreren unterschiedlichen Leistungsausprägungen angeboten werden. Durch die Berücksichtigung der spezifischen Anforderungen der Kunden wird eine grösstmögliche Individualisierung der Leistungserbringung erzielt.

Mitarbeitergespräch: Führungsinstrument zum gegenseitigen Austausch zwischen Vorgesetzten und deren Mitarbeitern zu gemeinsamer Interessensabstimmung und Zielvereinbarung. Je institutionalisierter Mitarbeitergespräche sind und je regelmässiger und informeller sie stattfinden, desto grösser ist deren Nutzen für beide Seiten.

Mitarbeiterorientierung: Anwendung der Kundenorientierung auf interne Bereiche, indem davon ausgegangen wird, dass sich Mitarbeiter im Unternehmen wie interne Kunden und interne Lieferanten verhalten. Die Qualität der extern angebotenen Leistung kann nur zeitgerecht und zu einem angemessenen Preisniveau erfolgen, wenn zuerst die interne Dienstleistungsqualität sichergestellt ist. [Vgl. *«Internes Marketing»* und *«Arbeitsgestaltung»*]

Mitarbeiterqualifizierung: [Vgl. *«Ausbildung»*]

Multichanneling: Einsatz verschiedener Kontaktmedien, um den Kunden die Möglichkeit zu bieten, das von ihnen bevorzugte Medium selbst zu bestimmen. Als Kommunikationskanäle kommen Internet, E-Mail, Telefon, Brief, Fax, interaktive Kundenterminals am Point of Sale oder auch persönliche Gespräche in Frage. Unabhängig davon, welches Kontaktmedium vom Kunden gewählt wird, müssen die Informationen beim Unternehmen an einer zentralen Stelle zusammenlaufen und für alle Beteiligten elektronisch verfügbar sein. [Vgl. *«CIC – Customer Interaction Center»*]

Netzwerkorganisation: Integration vor- und nachgelagerter Bereiche zur Optimierung des Waren- und Informationsflusses vom Hersteller über den Handel bis zum Endkunden.

OLAP – On-Line Analytical Processing: Softwaretechnologie, die den interaktiven und raschen Zugang mehrdimensionaler Datenstrukturen zu Analysezwecken ermöglicht. Auf speziellen OLAP-Servern werden komplexe Rohdaten von Unternehmen konsolidiert und benutzerfreundlich aufbereitet.

One-to-One-Marketing: Planung und Abstimmung sämtlicher Massnahmen und Instrumente, die auf eine gezielte und individuelle Ansprache einzelner Kunden ausgerichtet sind.

Organisationsentwicklung: Gezielte Gestaltung der Aufbau- und Ablauforganisation eines Unternehmens, um den Kundenbedürfnissen jederzeit optimal entsprechen zu können. Organisationsentwicklung baut auf den Einbezug aller Mitarbeiter, um die Akzeptanz der notwendigen Massnahmen von Beginn weg sicherzustellen.

Outbound-Call: Vom Unternehmen initiierte Telefonanrufe an den Kunden für Verkaufsaktivitäten, Beantwortung von Kundenanliegen etc.

Outsourcing: Oberbegriff, der alle Formen der Auslagerung von Unternehmensleistungen an externe Spezialisten umfasst. Grundgedanke bei Outsourcingprojekten ist die Möglichkeit eines Unternehmens, sich auf seine Kernkompetenzen zu konzentrieren, während spezialisierte, externe Partner bestimmte Teilbereiche übernehmen und betreiben.

Personalmarketing: Planung, Umsetzung und Kontrolle von innovativen Massnahmen im Personalbereich auf der Basis eines strategischen Personalmanagements. Speziell in Dienstleistungsunternehmen stellt die Ressource Mensch einen entscheidenden Wettbewerbsvorteil dar, weshalb dem Personalmarketing eine wichtige Rolle zukommt. Aufgabe eines aktiven Personalmarketings ist z.B. die Ausgestaltung flexibler Arbeitszeitmodelle und kreativer Rekrutierungsmassnahmen, wie auch die regelmässige Messung der Mitarbeiterzufriedenheit und die ständige Begleitung der Mitarbeiter.

Polyvalenz: Fähigkeit eines Mitarbeiters, mehrere unterschiedliche Aufgaben selbständig und kompetent erfüllen zu können, um je nach aktueller Situation des Unternehmensumfeldes oder aufgrund spezieller Anforderungen flexibel eingesetzt zu werden.

Portal: Portale verbinden den User mit mehreren Anbietern und garantieren ihm so die bestmögliche Qualität zum günstigstmöglichen Preis. In einem Portal werden dem Nutzer ausgewählte und spezifische Dienstleistungsangebote offeriert, zusätzlich können auch Referenzen, Checklisten und After-Sales-Informationen im Portal abgebildet sein. [Vgl. *«Auktion»*]

POS – Point of Sale: Verkaufsstelle. Ort der Interaktion zwischen Hersteller und Konsument resp. zwischen Handel und Konsument.

Proaktive Kommunikation: Selbst initiierte, rasche Information der Verhandlungspartner (Kunden, Lieferanten, Kollegen etc.) bei auftretenden Abweichungen festgelegter Leistungsausprägungen. Je frühzeitiger informiert wird, desto eher kann Unsicherheit und dadurch Unzufriedenheit vermieden werden.

Produktindividualisierung: Individuelle Anpassung eines Produktes in verschiedenen Ausprägungen, um den unterschiedlichen Ansprüchen der Kunden gerecht zu werden.
[Vgl. *«Serviceindividualisierung»*]

Produktmanagement: Planung, Organisation, Durchführung und Kontrolle sämtlicher Massnahmen, die auf die erfolgreiche Konzipierung und Vermarktung des Leistungsprogramms eines Unternehmens ausgerichtet sind. Das Leistungsprogramm umfasst neben dem Produkt an sich (Funktionalität, Marke, Farbe, Design, Verpackung etc.) auch die Rahmenbedingungen wie Garantieleistungen, Lieferbedingungen und Kundendienst.

Prozess: Wohlbestimmte Abfolge einzelner Tätigkeiten, die sowohl sequenziell als auch parallel erfolgen kann, mit dem Ziel, eine mehrwertsteigernde Leistung zu erbringen.

Prozesskontrolle: Ständige, schnittstellenübergreifende Prüfung der Geschäftsprozesse auf deren Tauglichkeit resp. Sinn und Zweckmässigkeit, um einerseits bedürfnisgerechte Leistungen für die Kunden anbieten zu können und um andererseits effizient und Ressourcen sparend zu produzieren.

Prozessüberlegenheit: Beherrschung der definierten Abläufe zur Erreichung grösstmöglicher Effizienz bei der Leistungserstellung, um dadurch einen strategischen Wettbewerbsvorteil gegenüber der Konkurrenz zu erzielen.

Qualitätskosten: Summe von Fehlerkosten einerseits und Qualitätssicherungskosten andererseits. Je höher das Qualitätsniveau einer Leistung ist, desto geringer sind die Fehlerkosten (Beschwerden, Garantieleistungen etc.), desto höher aber die Qualitätssicherungskosten (Qualitätskontrollen, Prototyping etc.). Das Qualitätsoptimum liegt dementsprechend in dem Punkt, wo die Gesamtsumme aller Qualitätskosten möglichst gering ist.

Qualitätslenkung: Gesamtheit aller vorbeugenden, überwachenden und korrigierenden Tätigkeiten bei der Leistungserbringung mit dem Ziel, unter Einsatz von Qualitätstechnik die Qualitätsanforderungen zu erfüllen. Es wird zwischen unmittelbarer (Qualitätszirkel) und mittelbarer Qualitätslenkung (Einsatz von Informations- und Kommunikationstechnologien resp. Wartung der technischen Infrastruktur) unterschieden.

Qualitätsmanagement: Konsequente Ausrichtung sämtlicher Unternehmensleistungen, um ein optimales Qualitätsniveau zu erreichen und die Kunden zufrieden zu stellen. Dies erfordert die Einbeziehung aller internen und externen Prozesse der Leistungserstellung und ein gelebtes Qualitätsbewusstsein der Beteiligten.

Qualitätsmessung: Feststellen von Ausprägungen von vorab vereinbarten Merkmalen einer Leistung anhand von eindeutigen Indikatoren, um das theoretische Konstrukt «Qualität» fassbar zu machen. Das Qualitätsniveau wird mit Hilfe von Skalen dargestellt.

Qualitätsplanung: Auswählen, Klassifizieren und Gewichten der Qualitätsmerkmale einer Leistung sowie schrittweises Konkretisieren aller Einzelforderungen an die Beschaffenheit von Realisierungsspezifikationen.

Qualitätssicherung: Sicherstellung einer systematischen Darlegung und Dokumentation, dass die angebotene Leistung die Qualitätsforderungen erfüllen wird. Als Massnahmen dienen Qualitätshandbücher und Zertifikate, wobei darin die Qualitätsziele festgelegt, die Aufgaben- und Verantwortungsbereiche exakt definiert sind und auf Qualitätsprüfung, Audits und Qualitätskosten hingewiesen wird.

ROI – Return on Investment: Zusätzlicher Ertrag, der aufgrund einer geleisteten Investition erreicht wurde. Je höher der ROI, desto lohnenswerter ist eine Investition zu beurteilen. Zur Berechnung des ROI existieren verschiedene betriebswirtschaftliche Kalkulationsmodelle.

SFA – Sales Force Automation: Standardisierung der Verkaufsaktivitäten zur Vereinfachung des Tagesgeschäfts der Verkaufsmitarbeiter. Dies wird durch den Einsatz geeigneter elektronischer Hilfsmittel ermöglicht.

Serviceethik: Eine angebotene Leistung erhält ihre Legitimation am ehesten dadurch, dass sie einen immateriellen Beitrag an eine «bessere Welt» zu stiften vermag. Das heisst, die Entwicklung neuer Leistungen sollte sich immer an der Frage orientieren, was damit den Menschen Gutes getan werden kann und welche Nachteile umgekehrt entstehen könnten.

Serviceindividualisierung: Individuelle Anpassung einer Dienstleistung, um den unterschiedlichen Ansprüchen der Kunden gerecht zu werden. Je wichtiger die Beziehungsdimension einer Dienstleistung ist (Unternehmensberatung, Arztbesuch), desto höher ist auch der Individualisierungsanspruch des Kunden und dementsprechend auch das Individualisierungspotenzial.

Shared Destiny Relationship: Ausbau der ursprünglichen Dienstleistung auf weitere Bereiche, um die gegenseitige Beziehung zu intensivieren. Bsp: Ein Versicherungskonzern bietet Firmenkunden neben der Versicherung aller möglichen Risiken auch eine Betriebsberatung an, wie das Unfallrisiko der Mitarbeiter zu verringern wäre. Firmen, die dementsprechende Massnahmen ergreifen, erhalten obendrein noch eine Prämienreduktion. Dadurch wird der Nutzen für beide Partner gesteigert und der Vorteil gerecht aufgeteilt.

Single Point of Information: Einheitliche, zentrale Informationssammelstelle, unabhängig des vom Kunden gewählten Kontaktmediums. In diesem System (Informationspool) laufen alle Informationen aus den externen Kontakten zusammen und werden von dort aus intern an die jeweils zuständigen Mitarbeiter oder Abteilungen weitergeleitet und verteilt.
[Vgl. *«CCC – Customer Care Center»* resp. *«Multichanneling»*]

SLA – Service Level Agreement: Interne Qualitätsstandards, die das Ergebnis bestimmter Tätigkeiten verbindlich festlegen. SLAs müssen klar definiert und eindeutig messbar sein (z.B. Beantwortung telefonischer Anfragen innerhalb von 24 Std.)

SOP – Standard Operating Procedure: Von vornherein festgelegtes, standardisiertes Ablaufschema für vereinbarte Prozesse und Dienstleistungen. Im Rahmen von SOPs wird die genaue Leistungserbringung durch SLAs definiert.

Sozialkompetenz: Fähigkeit, innerhalb eines sozialen Systems auf die einzelnen Menschen einzugehen und gruppendynamische Prozesse derart zu lenken, dass ein Arbeitsklima entsteht, in dem die persönliche Leistungsfähigkeit aller Teilnehmer voll zur Entfaltung kommen kann.

Strategie: Bedingter, langfristiger und globaler Verhaltensplan zur Erreichung der Unternehmens- und Marketingziele. Strategien sind auf der Grundlage der Unternehmens- und Marketingziele zu entwickeln und dienen der Kanalisierung von Massnahmen in den verschiedenen Marketingmixbereichen. Eine Strategie legt die anzustrebenden Qualitätskriterien einer Leistung fest. Dabei konzentriert sie sich auf einige wenige Leistungsaspekte, die für den Kunden wertvoll und wichtig sind. Sie stellt eine zukunftsgerichtete Herausforderung für alle Mitarbeiter dar.

Supply Chain Management: Form einer vertikalen, strategischen Allianz, die die gesamte Lieferkette vom Rohstofflieferanten über den Hersteller bis hin zum Kunden umfasst (inkl. zwischengeschalteter Transport- und Lagerunternehmen sowie Zwischenhändler). Supply Chain Management setzt voraus, dass sich Hersteller und Handel als ein logistisches Gesamtsystem verstehen, bei dem der Handel Informationen über Bestände, Aktionen und Verkäufe möglichst schnell an den Hersteller weiterleitet und dieser im Gegenzug eine kontinuierliche und nachfrageorientierte Warenlieferung sicherstellt.

SWOT-Analyse: Eine Situationsanalyse ist Ausgangspunkt jedes Marketingplans. Im Rahmen der SWOT-Analyse werden interne Stärken (strengths) und Schwächen (weaknesses) herausgearbeitet und mit unternehmensexternen Chancen (opportunities) und Risiken (threats) in Verbindung gebracht. Daraus leitet sich dann die Marketingproblemstellung eines Unternehmens ab.

Systemverkauf: Angebot von individuell auf ein Unternehmen abgestimmten Massnahmen im Rahmen einer Gesamtlösung anstelle einzelner isolierter Produkte und Dienstleistungen.

TCC – Total Customer Care: Entwicklung von Methoden und Lösungen, damit ein Unternehmen prozessorientierte Kundenbeziehungen aufbauen kann, um die Kundenbedürfnisse optimal zu befriedigen. Grundlage dafür ist ein konsequentes Vertrauensmanagement, sowohl intern, zwischen Vorgesetzten und Mitarbeitern oder zwischen einzelnen Abteilungen, wie auch extern zwischen Unternehmen und Kunde.

Teamentwicklung: Förderung der internen Kommunikation innerhalb von Arbeitsgruppen mit dem Ziel einer grösstmöglichen Konfliktvermeidung resp. einer aktiven Konfliktbewältigung, sodass sich alle Mitarbeiterinnen und Mitarbeiter bei ihrer Arbeit und in der Gruppe wohl fühlen und ihr ganzes Potenzial verwirklichen können. Teamentwicklung wird sehr oft durch neutrale, externe Spezialisten durchgeführt.

Total Cost of Ownership: Die tatsächlich anfallenden Gesamtkosten einer Investition, vor allem im IT-Bereich. Diese umfassen zusätzlich zu den Anschaffungskosten auch Schulungen, Wartung, Ausfallzeiten etc., und zwar von der Beschaffung des Produktes bis hin zur Entsorgung.

TQM – Total Quality Management: Führungsmethode, die darauf abzielt, alle Mitarbeiter einer Organisation der Qualität zu verpflichten. TQM basiert vor allem auf einer fundierten Qualitätskontrolle für Produkte und Serviceleistungen und der Messung von Kundenzufriedenheit zu deren regelmässiger Verbesserung.

Unternehmenskultur: Grundgesamtheit gemeinsamer Werte- und Normenvorstellungen sowie geteilter Denk- und Verhaltensmuster der Mitarbeiter. Speziell in Dienstleistungsunternehmen hängt das Leistungsergebnis oft stark von der Qualität der eingebrachten internen Ressourcen ab, weshalb der Unternehmenskultur eine wichtige Bedeutung zukommt.

Up-Selling: Ausdehnung des Kaufvolumens eines Kunden beim gleichen Anbieter durch den regelmässigen Wiedererwerb der bisher konsumierten Leistung.

Value Pricing: Der Preis eines Produktes resp. einer Dienstleistung muss möglichst nahe an dem Wert sein, der dem Kunden durch den Kauf dieser Leistung tatsächlich zukommt.

Verkaufsförderung: Schaffung besonderer Anreize für ein bestimmtes Leistungsangebot bei Kunden oder beim Handel mit Hilfe einer direkten Ansprache am Point of Sale.

Vertrauensmanagement: Grundlage für effektives CRM. Der Aufbau einer partnerschaftlichen Beziehung zwischen dem Unternehmen und seinen Kunden und Mitarbeitern basiert auf gegenseitigem Vertrauen, das konsequent durch alle Unternehmensaktivitäten gefördert wird.

Vision: Ideale Vorstellung eines zukünftigen Zustandes mit dem Ziel, das Unternehmen möglichst nahe an diesen Idealzustand hinzuführen.

Wertschöpfungskette: Summe aller wertvermehrenden Aktivitäten eines Unternehmens, von der Ressourcenbeschaffung über den Leistungserstellungsprozess bis hin zur logistischen Verteilung und zum Verkauf eines Gutes unter Einbezug aller dabei entstehenden Kosten. Die Wertschöpfungskette oder Wertkette dient ebenfalls als unternehmensspezifische Analysemethode.

Win-Win-Situation: Zielvorgabe für sämtliche unternehmensinternen und -externen Prozesse, sodass alle involvierten Parteien jeweils mit dem Ergebnis zufrieden sein können und der Erfolg nie auf Kosten des einen Partners geht.

Wirtschaftlichkeitsanalyse: Versuch, mit Hilfe eines Verfahrens der Investitionsrechnung die Vorteilhaftigkeit einer Investition zu bestimmen, indem die erwarteten Kosten den erwarteten Erträgen gegenübergestellt werden. Zusätzlich zu Kosten und Ertrag können weitere messbare Unternehmenskennzahlen wie Umsatz, Absatzmenge, Deckungsbeitrag, Cashflow, Produktivität, Rentabilität etc. einbezogen werden.

Zertifizierung: Bestätigung durch einen unparteiischen Dritten, dass ein Unternehmen oder ein bestimmter Bereich gewisse Bedingungen erfüllt, um möglichst objektiven Qualitätsansprüchen zu genügen.

Zielvereinbarung: Gegenseitige Abstimmung der Interessen, um einen für alle Beteiligten anzustrebenden Sollzustand zu formulieren. Zielvereinbarungen dienen ebenfalls als Kontrollinstrument, indem zur Überprüfung der gesteckten Ziele der geplante Zustand mit dem tatsächlich erreichten Zustand verglichen werden kann.

Literaturverzeichnis

- Baguley, Philip; Optimales Projektmanagement. Strategische Planung – Erfolgreiche Durchführung – Effiziente Kontrolle; deutsche Übersetzung der englischen Originalausgabe durch D. Köhler und J. Lorenz; Falken Verlag, Niedernhausen, 1999
- Belz, Christian, et al.; Management von Geschäftsbeziehungen. Konzepte – Integrierte Ansätze – Anwendungen in der Praxis; Thexis Verlag, St. Gallen, und Ueberreuter Verlag, Wien, 1998
- Berry, Leonard L.; Top Service – Im Dienst am Kunden; Schäffer-Poeschel Verlag, Stuttgart, 1999
- Biehal, Franz (Hrsg.); Lean Service. Dienstleistungsmanagement der Zukunft für Unternehmen und Non-Profit-Organisationen; 2. durchgesehene Auflage; Manz Verlag, Wien, 1994
- Boëthius, Stefan/Ehdin, Martin; Die vierte Kompetenz – Selbstverantwortung, Persönlichkeitsentwicklung und Sinngebung. Die hohe Kunst der Führung; Übersetzung der schwedischen Originalausgabe durch A. Kammenhuber und M. Dörries; Oesch Verlag, Zürich, 1997
- Bruhn, Manfred; Marketing. Grundlagen für Studium und Praxis; 3. überarbeitete Auflage; Gabler Verlag, Wiesbaden, 1997
- Freemantle, David; Der Kunde – König oder Bittsteller; mvg-Verlag; Landsberg, 1999
- Griese, Joachim/Sieber, Pascal; Electronic Commerce. Aus Beispielen lernen; Band 3 der Reihe GfM-Marketing-Manual; Werd Verlag, Zürich, 1999
- Häusel, Hans-Georg; Das Reptilienhirn lenkt unser Handeln; in: Harvard Business Manager 2/2000, Seiten 9-18
- Henn, Harald/Kruse, Peter/Strawe, Olaf; Handbuch Call Center Management. Das grosse Nachschlagewerk für alle, die professionell mit dem Telefon arbeiten; 2. überarbeitete Auflage; Telepublic Verlag, Hannover, 1998
- Kamiske, Gerd F. (Hrsg.); Die hohe Schule des Total Quality Management; Springer Verlag, Berlin und Heidelberg, 1994
- Kiechl, Rolf; Management of Change; in: Thommen, Jean-Paul (Hrsg.); Management-Kompetenz; Versus Verlag, Zürich, 1995
- Kotler, Philip/Bliemel, Friedhelm; Marketing-Management: Analyse, Planung, Umsetzung und Steuerung; 8. vollständig neu bearbeitete und erweiterte Auflage; Schäffer-Poeschel Verlag, Stuttgart, 1995
- Meffert, Heribert/Bruhn, Manfred; Dienstleistungsmarketing. Grundlagen – Konzepte – Methoden; Gabler Verlag, Wiesbaden, 1995
- Muther, Andreas; Electronic Customer Care. Die Anbieter-Kunden-Beziehung im Informationszeitalter; Springer Verlag, Berlin, 1999
- Payne, Adrian/Rapp, Reinhold (Hrsg.); Handbuch Relationship Marketing. Konzeption und erfolgreiche Umsetzung; Vahlen Verlag, München, 1999
- Reinecke, Sven/Sipötz, Elisabeth/Wiemann, Eva-Maria (Hrsg.); Total Customer Care. Kundenorientierung auf dem Prüfstand; Thexis Verlag, St. Gallen und Ueberreuter Verlag, Wien, 1998
- Thommen, Jean-Paul; Managementorientierte Betriebswirtschaftslehre; 5. vollständig überarbeitete und erweiterte Auflage; Versus Verlag, Zürich, 1996
- Tomczak, Torsten/Dittrich, Sabine; Erfolgreich Kunden binden. Eine kompakte Einführung; Band der Reihe GfM-Marketing-Manual; Werd Verlag, Zürich, 1997
- Tominaga, Minoru; Die kundenfeindliche Gesellschaft. Erfolgsstrategien für Dienstleister; Econ & List Taschenbuch Verlag, München, 1996

Links im www

www.eccs.uk.com
Unabhängige, neutrale Seite mit aktuellen Themenschwerpunkten, Diskussionsforen und CRM-Trends.

www.crm-forum.com
Hier trifft sich und diskutiert die internationale CRM-Gilde.

www.crmguru.com
Möglichkeit, persönliche Fragen gezielt an erfahrene CRM-Gurus zu senden.

http://cctcc.projects.unisg.ch
Electronic Customer Care – wissenschaftlich geprüft – von der Uni St. Gallen

www.customercare.com
Die Seite der Kundendienst-Profis

www.crm-solutions.ch
CRM-Beratungsleistungen für den deutschsprachigen Raum

Verschiedene Technologie-Provider im Bereich CRM-Tools, Call-Center, Data-Warehousing und Telefonieanlagen
www.aaa-sim.ch
www.alr.ch
www.applix.com
www.avaya.de
www.crm.com
www.e-serve.ch
www.oracle.com
www.orbis.de
www.point.de
www.sap.com
www.sas.com
www.siebel.com

Die Firma PIDAS Aktiengesellschaft

PIDAS ist ein Beratungs- und Dienstleistungsunternehmen der POLYDATA Gruppe, welche in den Bereichen Business Process Outsourcing, Supply Chain Management und Customer Relationship Management tätig ist. Zur Klientel gehören namhafte, international tätige Unternehmen in Deutschland, Österreich und der Schweiz. Die seit 1969 tätige Gruppe hat bis heute über 1000 Projekte bei Unternehmen aus den Bereichen Handel, Industrie, Dienstleistung und öffentliche Verwaltung abgeschlossen.

Im Geschäftsbereich CRM Solutions entwickelt PIDAS Organisationen unter Einbezug aller beteiligten Menschen. Die Philosophie basiert auf der ganzheitlichen Betrachtung der Kunden-Interaktionsprozesse und der Integration aller harten und weichen Faktoren wie Mensch, Organisation und Technik. Die Harmonisierung von unterschiedlichen Kommunikations- und Distributionskanälen in Verbindung mit einer durchgängigen, prozessorientierten Organisationsgestaltung steht bei der individuellen Lösungsfindung im Vordergrund.

Das Dienstleistungsprofil im Bereich CRM Solutions

Strategische Beratung

Konzeption von Kundenbindungs- und Kundenmanagementprogrammen, Total-Customer-Care-Konzepten, Entwicklung von Marketingstrategien und -konzepten

Gestaltung von Service-Organisationen

Helpdesk und Service Center Development, Multichannel-Customer-Care-Organisationen, Servicemanagement, Gestaltung und Optimierung von Kunden-Interaktionsprozessen

Technische Beratung und Systemintegration

Tools für Electronic Customer Interaction, Kundenmanagement, Campaign Management, Call Center Agent Workspace, Knowledge Management, E-Business, neue Kommunikationskanäle (Wap, Multimedia-Terminals etc.)

Entwicklung von Menschen und Teams

Entwicklung von kulturellen, methodischen und sozialen Kompetenzen für Dienstleister mittels Coaching und Workshops